湖南文化产业品牌
发展研究

周海燕等 编著

吉林大学出版社

·长春·

图书在版编目（CIP）数据

湖南文化产业品牌发展研究／周海燕等编著. —长春：吉林大学出版社，2020.4
ISBN 978 – 7 – 5692 – 6371 – 8

Ⅰ. ①湖… Ⅱ. ①周… Ⅲ. ①文化产业 – 产业发展 – 品牌战略 – 研究 – 湖南 Ⅳ. ①G127.64

中国版本图书馆 CIP 数据核字（2020）第 064108 号

书　　名　湖南文化产业品牌发展研究
　　　　　HUNAN WENHUA CHANYE PINPAI FAZHAN YANJIU
作　　者　周海燕等　编著
策划编辑　李潇潇
责任编辑　李潇潇
责任校对　柳　燕
装帧设计　博克思文化
出版发行　吉林大学出版社
社　　址　长春市人民大街4059号
邮政编码　130021
发行电话　0431 – 89580028/29/21
网　　址　http://www.jlup.com.cn
电子邮箱　jdcbs@jlu.edu.cn
印　　刷　三河市华东印刷有限公司
开　　本　787mm×1092mm　1/16
印　　张　11
字　　数　170 千字
版　　次　2020 年 4 月第 1 版
印　　次　2020 年 4 月第 1 次
书　　号　ISBN 978 – 7 – 5692 – 6371 – 8
定　　价　52.00 元

目　录

第一章　市场拓展：发展湖南影视产业品牌

　　产业品牌体现了产业的口碑与声誉，代表着内部企业乃至整个产业的形象，一个产业内品牌产品的多少及品牌影响力的大小，反映着该产业发展质量的高低和市场竞争能力的强弱。影视文化产业作为一种内容创意产业，缺少不动产资产，其也因此而有着极大的不稳定性和风险性。品牌因其内化的特点，可以成为企业最大的不动产，是促进企业持久发展的重要源泉。因此，影视文化产业需要通过构建品牌，来弥补自己的不稳定性和风险性。与此同时，在步入中国特色社会主义新时代的今天，人们对精神文化生活品质的追求相对更高，对于时尚、个性且有品位的消费意愿日趋增长，在这样的消费环境下，构建品牌对于各地影视企业的发展就显得尤为重要。长沙多年来非常重视发展影视文化产业，在影视文化品牌打造方面取得了较大的成绩，形成了独有的长沙影视文化现象，但也存在一些问题和不足，长沙影视文化产业要想获得更好的发展，需要在品牌构建这一环节上做出进一步的努力。

一、湖南影视产业品牌发展成就概述

20世纪90年代以来，在政策的大力扶持下，长沙影视产业发展成效显著，影视作品在产量、质量等方面都实现了跨越式发展，影视企业日益壮大。

（一）拥有一批知名的影视企业

影视业的发展以影视企业为载体和主体，所以影视企业的实力水平是影视业发展的决定因素。影视企业主要分两类：影视节目传播企业和影视产品制作企业。长沙的影视企业较多，初步估算不少于100家。

表1-1　湖南实力较强的知名影视传播企业

企业名称	基本情况
湖南电广传媒股份有限公司	该公司主营业务范围为策划、设计、制作、代理、发布国内外各类广告；影视节目制作、发行和销售；电子商务、有线电视网络及信息传播服务；旅游开发、文化娱乐等。该公司于1999年3月在深交所挂牌上市，被公认为"中国传媒第一股"。公司以有线电视网络运营、创业投资、影视节目制作发行、广告代理四大业务为主，经营地域横跨长沙、北京、上海、广州、深圳等地。2018年电广传媒与华为技术有限公司共同签署《战略合作协议》，以共建共营、AMI数据中心为驱动，升级广播电视网络ICT架构，提供有云服务，在智慧传播、智慧家庭、智慧城市等方面进行合作，共同推动广电业务发展，成为国内广电系统首家正式进军5G领域的企业

续表

企业名称	基本情况
湖南省广播电视网络有限责任公司	该公司是经国家新闻出版广电总局、湖南省政府、湖南省广播电视局正式批准成立的湖南省唯一一从事广播电视光纤专用网络建设及业务开发的公司，成立于2000年11月13日，由湖南广播电视网络传输中心和湖南长城通信网络工程建设有限公司（以下简称："长城通信"）共同投资组建。注册资本为10 000万元，其中传输中心以货币资金及相关产业资产出资6 200万元，占网络公司62%股权；长城通信以货币资金出资3 800万元，占网络公司38%股权。公司经营范围：湖南省广播电视传输网络的改造、建设、开发和运营管理；有线电视网络技术的研究、开发及其产品的生产、销售；提供广播电视节目及综合教学业务的传输、广播电视远程信息传递、咨询服务；租赁、销售广播电视设备，制作、发行、销售广播电视节目；广告经营。公司目前已拥有干线网全长6 000多千米
湖南广播电视网络传输中心	该中心注册资本4 153万元，业务范围：湖南省广播电视传输网络及城区CATV网络的改造、建设、开发和运营管理；有线电视网络技术研究、咨询、开发及产品的生产、销售；提供广播电视节目和多媒体综合信息的传输、交换服务；租赁、销售自有网络电路和广播电视设备；制作、发行、销售广播电视节目
湖南广电移动电视有限责任公司	该公司2004年1月19日，由湖南省广电集团、湖南省广播电视网络有限责任公司、湖南人民广播电台、北京清大嘉华科技投资有限公司和深圳市华新凌投资有限公司共同投资成立，湖南移动电视项目正式启动。是湖南省广播电视局、湖南广播影视集团的直属单位，全面负责湖南省"户户通"无线数字电视网的建设经营和服务管理，"户户通"无线数字电视网采用空中无线地面接收的数字技术方式，已开通包括中央、省、市等近百套高质量的数字电视节目
长沙市广播电视台（集团）	该台下辖8个电视频道、3个数字电视频道、4个广播频率以及天择传媒、湖南和光影视文化传播有限公司（电视剧制作中心）、田汉大剧院（中国文化产业示范基地）、国安网络公司等24家二级机构
长沙广达网络有限公司	湖南有线长沙广达网络有限公司系湖南电广传媒股份有限公司全资子公司，国有控股，公司资产6.54亿，成立于2000年4月，所属湖南省广播影视集团，现有员工150人。该公司承担长沙市有线广播电视网络规划、建设、经营、管理及有线广播电视节目的传输

企业名称	基本情况
长沙国安广播电视宽带网络有限公司	该公司是长沙市人民政府批准并授权长沙广播电视集团与中信国安信息产业股份有限公司合资组建的有限责任公司。公司成立于2000年12月,注册资金1.7亿元。公司作为长沙本地最大的信息公共基础服务提供商之一,负责长沙市城区有线广播电视网络的设计、建设、管理和经营。另外公司拥有在长沙市进行有线电视网络设计、安装的资质,是湖南省信息工程综合布线的一类建设企业和安防企业
长沙广电数字移动传媒有限公司	该公司注册成立于2003年6月,为长沙广播电视集团绝对控股的合资公司。公司经长沙市广播电视台(集团)授权负责地面数字电视网络的设计、建造、管理、运营。公司直属的长沙移动电视频道是整合了节目资源、无线网络资源、技术研发等多方优势的信息型移动户外数字电视传媒,是集新闻、社会、文化、娱乐为一体的移动新闻资讯和信息服务平台

表1-2　湖南实力较强的影视制作知名企业

企业名称	基本情况
潇湘电影集团	潇湘电影集团的前身是潇湘电影制片厂,创建于1958年6月,厂部下设文学部、导演室、短片室、美工室、演员剧团以及洗印、录音、摄影、照明、置景、化妆服装、道具、动力维修等生产车间。厂内设有摄影棚2个(1个中型,1个小型)、混合录音棚1个、对白录音棚1个。全厂创作、技术人员和设备,可保证4个故事片摄制组、1个电视剧摄制组、1个科教片摄制组同时进行工作;洗印车间具备年产量300万米拷贝的生产能力。以潇湘电影制片厂为主体组建的潇湘电影集团2003年6月9日在长沙正式成立,地处湖南省长沙市东塘商业圈,占地60517平方米,为全国七大电影产业集团之一。《毛泽东和他的儿子》《刘少奇的四十四天》《秋收起义》《英雄郑成功》《毛泽东在一九二五》《毛泽东去安源》《郑培民》《青藏线》《袁隆平》等一系列影片则是潇湘电影集团有限公司在主流影片创作上的代表作。这些电影作为湖南文化产业的发展做出了积极的贡献,在中国电影画廊上留下了一道道绚丽的风景。近年来,潇湘电影集团有限公司围绕影视创作这一中心,在产业发展上迈出了新的步伐。在媒体传播、影视器材租赁、艺术培训、物业开发、音像出版发行、电影院线等方面都取得了进一步的发展,提高了集团的整体实力。目前,潇湘电影集团有限公司已实现制片、发行、放映一条龙,影、视、录、盘一体化,多种产业齐头并进的发展局面

续表

企业名称	基本情况
芒果影视文化有限公司	芒果影视文化有限公司（原湖南经视文化传播有限公司）隶属湖南广播电视台，创立于2001年，总部设于湖南长沙。芒果影视投身文化产业，以影视剧和大型活动为重点投资经营方向，主营业务包括影视剧制作发行、艺人经纪、影视基地/设备租赁、影视关联产品开发及代理销售等。芒果影视作为湖南广电旗下最具增长性的一个具有独立法人资格的分支机构，投资出品的《爱的妇产科》（一、二季）、《宫》系列剧、《美人制造》、《大丫鬟》、《弹孔》等剧在海内外主流电视台相继创下收视纪录，获得观众及行业大奖的认可。2015年，芒果影视获独家授权，正式负责统筹湖南卫视《青春进行时》栏目，重磅打造的国内首家室内影视拍摄基地"芒果studio"同步投入使用
中广天择传媒股份有限公司	该公司成立于2007年4月，系长沙广播电视集团绝对控股的国有文化企业，公司的主营业务是电视、互联网和移动互联网视频等内容的制作、发行和营销；电视剧版权运营。公司自成立以来始终秉承"专注于优质视频内容生产"的经营理念，坚持社会主义先进文化前进的方向，紧紧把握时代脉搏和电视观众的主流价值观需求，投资制作了大量群众喜闻乐见的优质视频节目。公司制作的视频节目主要为日、周播类节目和大型季播节目，涵盖综艺、纪实故事、栏目剧等多种类型。主要制作了《情动八点》《观点致胜》《X档案》等28档日播、周播类节目和《星动亚洲》《冲上云霄》《火线英雄》《超级女兵》《远方的爸爸》《好爸爸坏爸爸》等26档季播节目。此外，公司依托强大的节目制作实力，为客户提供日、周播节目、大型季播节目和活动型节目的专业化制作服务。目前，公司培养出了一支近350人的一线精英制作团队，拥有每天生产6小时以上优质自有版权视频节目的能力
湖南和光影视文化传播有限公司	该公司（前身是长沙广播电视艺术中心）长沙市唯一持有电视剧生产甲种许可证的电视剧制作单位，是长沙广播电视局、长沙广播电视集团直接领导下的以影视创作为主要职能的二级机构，是我国中南地区影视文化产业规模最大的生产基地，且在北京建有占地面积3万平方米的拍摄基地。不论是硬件设施还是生产制作实力，湖南和光文化传播有限公司都处于全国领先水平。本着创作精品艺术的一贯宗旨，湖南和光文化传播有限公司已经投资拍摄出了三十余部共六百多集有重大影响的电视剧。近年来生产的《大清御史》《正德演义》《大河颂》《国家行动》《毛泽东遗物的故事》（纪录片）等一部部精品力作，也体现了艺术中心在创作上的丰硕成果，艺术中心也由此荣获了"中国十大优秀摄制组"称号。同时，由该公司承制的《阳光乐章》《又唱浏阳河》等MTV作品，屡次获全国电视文艺"星光奖"；多次承办长沙市春节文艺晚会和各类大型晚会演出，并获得一致好评；所拍摄的"中联重科""三一重工"等企业的电视宣传片为企业拓展品牌文化增光添彩；所拍摄的《今日长沙》系列电视宣传片在中央电视台、美国斯科拉电视台及凤凰卫视欧洲台、美洲台播出，成为长沙走向世界的一个宣传窗口

（二）创作了一系列高品质的影视产品

1. 创作了许多优质的电视节目

湖南卫视先后打造出《快乐大本营》《超级女声》《快乐男声》《花儿朵朵》《天天向上》《爸爸去哪儿》《我是歌手》等"现象级"电视综艺节目；长沙广电天择传媒制作的《麻辣女兵》《中国力量》等综艺节目成为多家卫视的定制栏目；湖南经视打造的《幸运系列》创造中国综艺栏目的空白与空前热潮，而《直播大事件》则成为当前中国大型挑战竞技、突发事件等活动的最高直播水平代表；长沙电视台女性频道先后开办了30多个自办栏目，打造了多个品牌节目，专题类节目从初期的《八千湘女上天山》到现在的《八千里路云和月》《公考日志》都获得了全国性的大奖，谈话节目《三个女人一台戏》《21世纪我们做女人》以及现在的《名媛学堂》彰显了"以女人的眼光看世界、以世界的眼光看女人"的无限魅力，女性资讯类节目从《女性完全关注》《女人当家》到《活色生香每一天》《红尘惊奇》，情感类节目从《男左女右》《女人私语》到《相亲进行时》《女人故事》，真人秀活动从"漂亮妈妈宝贝儿大选"到"蝶变·粉领计划"、《黑暗约会》《民间记录》，等等。

2. 创作了许多优质的电视剧集

长沙是我国极少的几个能够在影视领域同时坐拥省、市两级电视集团的中部城市，电视剧集生产能力居全国前列。自20世纪90年代以来，创作出了诸如《毛泽东》《长沙保卫战》《雍正王朝》《走向共和》《恰同学少年》《一家老小向前冲》《黎明前的暗战》《奇游迹》等一大批全国优秀电视剧。其中 44 集的《雍正王朝》囊括了中宣部"五个一"工程奖、全国电视剧"飞天奖""金鹰奖"等多项国家大奖，创造了风靡世界的"雍正王朝"现象；60 集大型历史正剧《走向共和》更是一部影响深远的鸿篇巨制，已经无可否认地成为中国电视剧发展史上具有里程碑意义的标志性影视作品；由湖南锦绣神州影视文化传媒有限公司制作的《奇游迹》在全国 148 个电视台、网站播出。另外，值得一提的是，经过多年打造，"中国金鹰电视艺术节"已成为湖南一张重要的文化名片。

3. 创作了许多优质的电影作品

影片《故园秋色》获 1998 年度中国电影"华表奖"优秀故事片奖；影片《那山那人那狗》获 32 届加拿大蒙特利尔国际电影节"最受观众喜爱的影片奖"、第七届精神文明建设"五个一工程奖"等；《国歌》获第七届精神文明建设"五个一工程奖"、1999 年度中国电影"华表奖"优秀故事片奖；《毛泽东与齐白石》获全国第十三届精神文明建设"五个一工程奖"、第十届中美电影节"金天使奖"；3D 动画电影《冲锋号》获全国第十三届精神文明建设"五个一工程奖"；《我就是我》获第 39 届多伦多国际电影节人民选择奖、第三届"纪录照亮中国——凤凰视频纪录片大奖"中的"最佳影院纪录片"奖；等等。

（三）湖南影视品牌带动效益凸显

影视品牌的塑造不仅极大地促进了长沙影视产业的跨越发展，而且也有力地提升了长沙文化产业的竞争力，促进了社会就业。据统计，截至 2018 年，全市规模以上广播影视发行放映服务企业 31 家，实现营业年收入 8.2 亿元，同比增长 18.1%，全年全市电影总票房达 8 亿元，同比增长

13.8%；2018 年长沙市文化产业增加值逼近千亿大关，文化产业总产值达 3 000 亿元。目前，长沙市共有文化企业 1.2 万余家，从业人员达 60 多万人。

二、湖南影视产业品牌发展经验总结

湖南影视文化实现强势发展、异军突起的原因不仅在于其恰当地把握住了中国影视正处于整体快速发展的这一绝佳机遇，更在于政府重视、勇于创新、人才济济等优势条件。

（一）政府重视

长沙影视文化品牌的发展得益于政府的重视、支持和扶助。一方面，长沙市政府先后制定出台了《关于加快文化事业和文化产业发展若干政策的意见》《关于推进国际文化名城建设的意见》《长沙文化创意产业发展规划（2012—2015 年)》《长沙市加快推进文化创意和设计服务与相关产业融合发展行动计划（2015—2017)》等系列重要政策文件，并设立长沙市文化产业引导资金，不断优化影视产业发展的政策大环境并给予影视文化产业真金白银的扶助。另一方面，政府职能部门加强了对一些大的影视文化产业项目的宏观指导，积极帮助解决项目推进中的各种问题。比如，2004 年 8 月，湖南为解决全省 430 万户有线用户数字电视整体转换的投融资问题，省广电局进一步明确了由电广传媒牵头组建湖南省有线电视网络集团股份有限公司，在经过一年多的调研基础上，制定了在全省范围内实施数字电视双向整体转换的总体策略和《我省有线电视数字化过渡时间表》。湖南省有线电视数字化项目总概算 48.86 亿元，包括六个子项目：一是为 430 万户有线电视用户免费提供数字机顶盒；二是建设 1 个综合业务集成平台；三是建设 15 个市级前端系统（其中长沙市 1 个）；四是建设 88 个县级分前端系统；五是对全省各市州县有线电视城域网进行双向改造；六是对全省 6000 千米广播电视骨干网进行升级改造。2011 年 6 月 11 日，湖南省政府正式印发湘政发〔2011〕15 号文件《湖南省人民政府关于加快推进三网融合试点工作的意见》，明确将通信、广电网络设施建设纳入城乡建设总体规划。各级住房和城乡建设、规划、投资主管部门在审批住宅小区、商住楼、办公楼等建设项目时，应明确要求建设单位为通信、广电网络建设预留配套设施资源，并将其所需投资纳入建设项目概预算；在组织地铁、机场、车站、铁路等公共设施项目的可行性研究审查论证、建设方案审查时，应征求省通信管理局、省广播电影电视局的意见；在进行相关城建项目的审批和验收时，视情况请省通信管理局、省广播电影电视局参加。规范住宅小区及商住楼的配套设施建设和使用行为，通信和广电企业可平等使用配套设施。各级国土资源部门要将通信网络、广电网络建设用地作为公共设施用地给予支持，各级规划、城建、市政等相关职能部门对通信网络、广电网络建设中破路、破绿、占绿的，要免收赔偿费、补偿金等费用。对符合条件的高新技术企业、技术先进型服务企业减按 15% 的税率征收企业所得税。2011 年 6 月 22 日，长沙市政府根据湘政发〔2011〕15 号召开《长沙市信息基础设施专项规划（2011 年—2030 年）总则》第一次修编交流会，明确了信息基础设施主要项目包括无线基站，管道（含三网融合所需管道），局房，光交接箱和室内分布系统等规划，把长沙市信息基础设施专项规划（含有线电视网络）纳入城市建设整体规划。2015 年长沙市人民政府办公厅印发《关于支持发展创客空间的若干意见》，对影像创客空间建设、租金和运营费用实施补贴政策。2017 年

6月，中共长沙市委办公厅、长沙市人民政府办公厅印发《长沙市文化消费试点工作实施方案》，确定了市级层面按年投入5000万元以上用于文化消费，激发广大居民的观影、看电视节目的热情。

（二）勇于创新

长沙影视业敢于改革，致力于走创新之路，这为自身发展创造了无限可能与机会。长沙的影视业改革起步早，改得给力，为行业创新披荆斩棘，开辟"康庄大道"。在这方面较为突出的代表当属湖南广电集团和潇影集团。

湖南广电集团先后经过三轮改革，不断实现跨越式发展。三轮改革使得湖南广电集团产生了强者愈强的"马太效应"：湖南卫视的广告创收从1亿元到10亿元用了9年，从10亿元到20亿元只用了2年，从23亿元到36亿元只用了1年。尤其是第三轮改革，是全体湖南广电人在追梦路上的再一次出发，在其中看到了湖南广电人的那份对改革的"执着"与"豪气"。在经历井喷式极速增长后，湖南广电面临着前所未有的压力和挑战："电视湘军"在2010年局台分设，局台关系、台内关系处在"边改边运行，边调边完善"的阶段，体制变动大、机构人员调整多，面临着建章立制尚未完善、各种矛盾尚未理顺、新设机构尚在磨合、运行管理尚需规范等一系列过渡性问题。从2012年4月份开始，湖南卫视收视出现下降，相继被江苏、浙江、天津等竞争频道赶超，广告收入和品牌形象受到一定影响。"影视湘军"们开始在深化改革中加大对自办栏目的创新，主动适应当前竞争态势，集中力量突破发展瓶颈，主动抢占行业竞争的战略制高点。湖南卫视继续保持《快乐大本营》和《天天向上》两档王牌节目，并积极探索新的发展道路。2012年7月，一场明星真人模仿秀《百变大咖秀》横空而出，形式新颖、笑点十足的节目将周四变成了周末，收视率飙高，迅速成了湖南卫视晚间节目的收视王牌之一。除原创外，湖南广电还引进国外版权，在原版的基础上进行改良后推出了《我是歌手》，使其更符合国内观众的审美习惯和要求。《我是歌手》总决赛 29 城收视率达到 4.3、市场份额约占 12.36%，同时段排名第一。

电视业欣欣向荣，电影业也不甘其后。2009 年年底，潇影集团作为全国第二批文化改革试点和湖南首家自主提出文化体制改革的单位，按照国家新闻出版广电总局的要求如期完成转企改制工作。3 年多来，潇影集团以转企改制为契机，凭自身实力逐渐打造成一个享誉全国的知名品牌。《湘江北去》《辛亥革命》《青春雷锋》等由潇影集团制作的主旋律影片既叫好又叫座。从 2009 年成立影院投资管理公司开始，潇影集团就已铺开了"潇湘国际影城"在全省乃至全国的布局，采取占领本土、多点布局的策略，在省内和全国二三线城市打造"潇湘国际影城"的全国连锁品牌。至 2018 年底，潇影集团先后在全国 7 个省份建成开业全资或控股潇湘国际影城 31 家（省内 20 家，省外 11 家），银幕 172 块；潇影集团控股的潇湘院线在全国 27 个省级行政区拥有 172 家加盟影院，在全国排名第 23 位。2018 年，潇湘院线可结算票房收入为 5.07 亿元，其中在省内票房，连续四年位列进入湖南市场的各条院线第一位。潇影集团影院已成为潇影集团创收中的一支重要力量。潇影集团按照"创新体制、转换机制、面向市场、壮大实力"的文化单位改革要求，建立了以绩效为目标、以岗位为基础的新的企业工资体系，打破了吃大锅饭的现象，在职员工工资人均增长 80% 以上；集团总资产从 2009 年的 3.2 亿元跃升至目前的 9 亿多元，增长 181%，在年创收上，旗下的潇湘院线作为湖南票房第一的院线，年均票房产出近 4 亿元。

长沙影视业的创新发展具有两大鲜明特点：一是频道专业化；二是跨界多元化。所谓频道专业化，通俗地说，无非就是针对现代媒体市场逐渐形成的受众分群化媒介消费习惯，根据不同的小众窄播的需要组合而成的专门内容的电视频道。电视频道专业化一方面源自广大受众的需求，另一方面也来自业界激烈的竞争压力。而女性作为一个分化群体也越来越受到各个电视台的重视，中国首家女性专业电视频道——长沙电视台女性频道正是在这样的情景下顺势而生。作为中国电视第一家女性频道，长沙女性频道立足于长沙本土，通过有线电视网络全天 18 小时传送。2005 年，长沙女性频道先后进入武汉有线电视网和北京有线电视网，成为首个跨省经营的城市电视机构。节目的目标受众定位在中、高素质的女性观众，其中受过高等教育的观众占 53%。开播至今，女性频道也先后开办了 30 多个自办栏目，打造了多个品牌节目。

跨界多元化是长沙影视创新的另一个特点。以长沙电视经贸频道为例，虽然通过播放类型电视剧获得了成功，但他们认识到，单一的发展模式一旦被人超越，就会给频道经营带来极大的风险和压力。为此，频道在与本地城市居民生活密切相关的区域消费服务领域找到了多元化发展的突破口。一是房产，二是汽车。过去，由于受传统电视媒体线性传播、转瞬即逝、内容不易保存等特点的影响，房产与汽车的宣传多集中于平面媒体。然而，当城市电视媒体能够站在本地受众的角度，为其提供买房、购车的真实信息，并进行专业性的指导服务时，声画并茂的电视节目便体现出平面媒体所无法具备的传播优势。当这种优势突破固有的传播领域之时，迎面而来的就是海阔天空的未来。2007 年，长沙电视经贸频道在电视房产栏目取得一定影响的基础上，向国家新闻出版广电总局申请开办了面向全省的数字电视专业频道——《现代房产频道》，并于当年 8 月正式开播。24 小时全天候、全方位关注买房居住、置业投资、房屋装修、建材挑选、家居布置等内容的专业房产频道，改变了传统的电视表现方式，极大地满足了本市居民对房产及相关信息的需求。2011 年 6 月，《现代房产频道》网站上线，不仅实现了电视节目的网上同步直播，还在此平台上汇集了更多房产信息与资源，将分散的收视人群通过网络再度聚合。2011 年上半年，仅有 30 名员工的《现代房产频道》就创下近 2000 万的收入。

他山之石，可以攻玉。拥有广泛创新思路的"电视湘军"，极其懂得合作探索、互利共赢的重要性，首先在电视剧合作上迈出了决定性意义的一步：湖南卫士与央视共同在黄金档联播的《咱们结婚吧》，是央视首次与省级卫视在综合频道黄金档"联手合作、同步播出"的电视剧，外界评价这一举措开辟了国产剧全新的播出模式。湖南卫视与央视合作的电视剧《毛泽东》也在央视一套黄金时段播出。2013 年上半年，湖南有线与芒果TV（快乐阳光公司的互联网电视业务品牌）开始探索 DVB＋OTT 业务合作。湖南有线搭建了 DVB＋OTT 的平台，芒果 TV 将其内容放到有线的内网，其中 70% 以免费方式提供，另 30% 则进行收费。这一项目首先在长沙地区进行试点，据长沙公司总经理许爱林介绍，在不到 5 个月的时间，覆盖用户 8 万户，开通业务的用户达到 2 万户，约有七八千户购买了增值包，从付费比例来说还是不错的。2014 年 4 月，湖南广播电视台提出了其自主版权内容的新媒体传播仅在芒果 TV 进行独播的战略，一时引发业界的高度关注，甚至被称为"传统电视向互联网打响的第一枪"。芒果传媒作为湖南广播电视台控股的市场主体，旗下拥有快乐购、天娱传媒、芒果影业、潇湘电影等几十家全资或控股公司，快乐阳光是其中之一，重点运营的包括芒果互联网电视、IPTV、芒果 TV 视频网站、手机电视等业务，拥有全部信息网络传播方面的牌照经营权。湖南广播电视台台长吕焕斌曾提出，要把芒果 TV 打造成第二个湖南卫视。芒果 TV 采取多屏发展策略，在 PC 端，原来的金鹰网现在改称芒果 TV；移动互联网方面，涵盖手机、Pad；TV 端，发展互联网电视和 IPTV。芒果 TV 拥有一定的内容优势，在独播战略之后更加突显，包括快乐大本营、天天向上等优秀的栏目，同时还引入了凤凰卫视、TVB、SBS 等各方面的内容。TV 端的内容分为电影、电视剧、综艺、动漫、纪实、音乐六大类，节目储备量达到 50 万小时。截至 2018 年底，芒果 TV 会员超过 1000 万，移动端日均活动数量为 2300 万左右，芒果 TV 2018 年的营业收入达到 56.07 亿元，跻身国内在线视频业"第一方阵"。

（三）唯才是举

影视产业的建设和发展，关键靠人才、靠队伍。长沙影视业的飞速发展得益于拥有一批敢于吃苦，具有良好创意才能的人才队伍，特别是拥有一批高端领军人才，比如魏文彬、欧阳常林、吕焕斌、王昌连、罗浩、周丕学、谷良、李红等。经过多年的改革与探索，长沙影视业初步形成了不拘一格用人才的用人格局。说到长沙的影视业发展，一定会提到湖南广电，因此，下面，我们就以湖南广电为例来揭示长沙影视业的用人机制建设情况。一度最让湖南广电骄傲的，就是其拥有一套灵活的用人机制。在国内，湖南卫视是最早引入"独立制片人制度"的电视媒体。在这一体系下，电视节目制片人不仅掌管节目的制作、人员和财务，还对节目的广告销售负责。但是，随着上海、江苏等地广播传媒机构的跟进，以及民营市场媒体机构加入竞争，电视湘军队伍几度面临人才流失。2006 年底，被称为湖南卫视"镇台之宝"的龙丹妮曾经一度出走，加盟上海文广新闻传媒集团。在魏文彬的一力挽留下，龙丹妮最终选择留在湖南。但是，如何能从体制激励方面保留人才，成为湖南广电一直未能解决的问题。面对这一挑战，湖南广电大胆进行用人机制改革，引入市场竞争机制，体制内的人将继续完成传统的业务、发展存量，而另一部分人，则会"割断脐带"，到市场中去发展，拓展湖南广电的增量空间。实行频道负责制、全员竞聘上岗、分配制度改革，对高管层和核心团队的激励设计，则采取年薪制和期权奖励制。通过这些举措，优化了湖南广电人才结构，建设了精英团队，激发了媒体活力，形成了关心人才、尊重人才的良好氛围。

（四）定位清晰

说湖南广电是中国的娱乐电视节目的开荒者一点也不过分，它不仅重新演绎了娱乐节目的概念和制作方向，还向包括广电从业人员在内的所有人证明：在中国这样的媒体环境下，娱乐一样可以发展得如鱼得水，而且是由地方电视台发展起来的。更为经典的是，这个地方电视台做出来的娱乐节目的影响力还超过了中央电视台的以往任何综艺节目。据央视索福瑞公布的数据，早在1999年一项全国40个卫星频道的观众满意度调查显示，湖南卫视的观众满意度仅次于中央电视台，而实际上湖南卫视部分节目的收视率早就超过了中央电视台。"电视湘军"的娱乐发家史要从欧阳常林带领下的原湖南经济电视台的第一个娱乐综艺节目"5 幸运 37216"算起，这个节目后来改名为"5 幸运 1996"。据说节目开播时，担任节目制作和编导的都是一群刚毕业的大学生，但是，这档以娱乐和游戏为主线，以奖品为刺激的节目，很快在全省打出了名头，赢得了极高的收视率，给湖南卫视造成了巨大的压力。在原湖南经济电视台的激将之下，1997年7月，作为第四批上星的省级卫视湖南卫视隆重推出《快乐大本营》。从此，湖南广电的娱乐节目一发不可收拾，长沙台推出《周末大轮盘》，有线台推出《百家转转连》，等等。各电视台绞尽脑汁，奇招迭出，引发了一轮娱乐节目热潮，这股热潮到今天为止仍未平息，比如《超级女声》《故事会》《向前冲》《明星学院》《绝对男人》等，新型的娱乐节目层出不穷。除了娱乐节目之外，湖南广电还有其他类型的王牌节目走红全国，比如大型全国性专业财经节目《财富中国》拥有湖南省最有影响的十大电视栏目的头衔。这些以娱乐类为主的自办节目构成了湖南广电的品牌架构，是以内容为王的节目经营理念的体现。"电视湘军"总司令魏文彬曾在接受媒体采访时说过，湖南电视节目将从《快乐大本营》为代表的明星娱乐大众，发展到以《超级女声》为代表的大众自娱自乐。这点最重要，它涉及时代潮流和趋势。就是在以内容为王的经营理念的引导下，湖南广播影视集团打造了一批在全国有着巨大影响、特色鲜明的拳头产品，当然基本上是居于娱乐这一品牌之下的。湖南广播影视集团对品牌打造的重视到了无可比拟的高度，推出新栏目的同时又去挖掘观众新的需求，再在原来的节目中寻找新的突破口，寻找新的创意。这就是为什么能打造出当年的《快乐大本营》《玫瑰之约》，后来又有了红遍大江南北，甚至红到了国际媒体上的《超级女声》。

值得注意的是，在 2003 年 5 月，湖南卫视大张旗鼓地展开了个性化推广活动，并改称为"中国湖南卫视"。湖南卫视的此举在国内省级卫视中也算是处于前列了，加上"中国"二字，而且在对外宣传与推广时都统一使用"中国湖南卫视"这样的称谓，以此来突显"大中国"的市场定位。当年各个省级卫视都把视线集中在新闻、财经等节目上时，湖南卫视却反其道而行之，选择了许多广电单位不屑一顾的娱乐节目，而有了今日的成就，这也许是当时很多人没有想到的。"电视湘军"的这种生存方式，已经突破了地域的限制，走向中国它已经做到了，下一步自然就是向更广的领域扩张。

三、湖南影视产业品牌建设存在的问题

（一）高票房（高收视率）的电影、电视剧数额较少

长沙的几家影视公司虽然摄制了不少作品，有些作品的影响力很大，取得了良好的经济效益和社会效益，如《恰同学少年》《乌龙山剿匪记》等。但是每年出品的大作还是十分有限，数额不够理想。据统计，2018 年长沙全年自产电影电视剧都没超过 10 部，由长沙影视企业参与制作的票房过亿的电影仅有 2 部。然而，根据现在的影视行情和长沙的影视企业实力，每年出产的票房收入达 2 亿以上的电影 5 部以上、全国收视率达 10% 以上的电视剧 400 集以上，才算比较理想。

（二）影视品牌创新缺乏后劲

长沙的影视创新全国闻名，力度很大，但持续性不强，电影、电视剧也缺乏轰动效应的作品。中央电视台作为国家的唯一垄断性大台，拥有独特的政治资源与政策优势，覆盖范围广，节目品质高，在市场份额上占有明显优势；各省级电视台以"三贴近"作为突破口进行的节目制作改革，克服了"上不着天，下不着地"的缺陷，使地面频道的节目内容本土化，很大程度上抢占了城市台本来就较为狭窄的收视市场。与此同时，网络电

视、手机电视、移动电视等新兴媒体也在严重瓜分市民的注意力资源和企业的广告投入。低覆盖、低收视率、低广告收入、低品质节目，长沙各大城市台的一些品牌栏目发展由此陷入恶性循环的漩涡。

（三）影视品牌产业链不完善

湖南是一个拥有丰富影视文化资源的大省，长沙也是具有丰富影视文化资源的大市，但是一直以来，长沙并不是一个影视文化强市。长沙影视产业之所以还不够强大，重要原因之一是影视产业链不够完善。长沙影视从项目策划、评估、剧本创作、投资，到拍摄、制作、宣传、发行等各个环节，以及影视基地、院线、演艺经纪等延伸业务，都没有形成全产业链模式。在影视产业链的所有环节，长沙一般只在项目策划和剧本创作等方面占有一定优势，诸如拍摄制作、宣传发行等重要环节，长沙并不能独立完成，通常要在北京、上海等地来实施。目前，长沙影视产业链的中端和末端是"软肋"。由于资源限制、人才匮乏等原因，影视作品缺少与动漫、游戏、图书、玩具、话剧、软件等版权产品的联动，各自的价值不能通过版权交易进行有效整合，难以完成影视文化资源和文化消费的有效链接。

（四）影视品牌建设的资金投入不足

电视产业是一个高知识、高技术、高投入的现代产业部门，属于资金密集型、智力密集型产业，无论节目内容制作还是节目传输，其发展和运营都需要投入巨大的资金和人力。而随着观众欣赏水平的提高，对电视节目的艺术性、观赏性的要求越来越高，节目制作和创新都需要大量的资金投入。中央电视台每年直接用于节目制作的运营、人员和设备购置费就高达40~50亿元；美国CNN每年用于新闻节目的预算超过1亿美元，三大新闻网每年的新闻节目预算也在2至3亿美元；日本NHK每年节目制作的成本在5 000亿日元以上；英国BBC每年节目制作成本占运营总成本的百分之八十。但国内国有电视机构过去几十年来一直属于事业单位性质，对创造经营性收入缺乏激励机制和配套政策，电视台收入主要来自电视广告收入和有线电视收视费，单薄的业务构成、单一的盈利模式，制约广电产业资本实力的积累和产业规模的扩张。除了像中央电视台或省级卫视这种拥有垄断地位的电视机构，大多数电视机构的盈利能力比较薄弱。而开发新媒体业务，往往都是高投入、收益慢、风险大的项目，电视媒体仅靠自身积累的资金实力，难以在新媒体业务上取得实质性突破。就国内广电机构展开的一些新媒体业务看，不少机构迫于融资能力不足，不得不将宝贵的渠道、资源出让，以换取资助，寻求业务合作。从产业长远发展看，这些做法是牺牲了未来的发展空间，机会成本极高，对影视品牌的打造极为不利。

（五）影视品牌的盈利模式不成熟

在全球资本化浪潮袭来，尤其国际传媒产业进入大并购、大重组的背景下，长沙电视产业资本实力薄弱，市场经验欠缺，盈利模式单一的弱点暴露无遗。过于依赖广告收入和影院票房的盈利模式已经对长沙影视产业的发展带来了压力，广告市场和票房市场的日趋饱和成为长沙各大电视台和影院经营的瓶颈。一方面，广告的增长幅度持续减缓，特别是在2008年全球金融危机之后，消费品广告的增速一直乏力。另一方面，广告投入向主流大台倾斜、两极分化的现象日渐突出，新的媒介形态、传播渠道对电视广告和院线票房的分流作用也日渐明显。在广告收入增长空间有限、院线客户流失的压力下，明确影视品牌塑造的市场定位，培育新的受众群，已经成为长沙影视业界共同关注的问题。

四、湖南影视产业品牌的发展对策

（一）建立高水平影视人才队伍

出产高品质的、产生轰动效应的影视作品，主要还是依靠人才。建立水平高、富有创新能力的影视专业人才队伍，尤其是策划、导演人才队伍，是振兴影视业的关键所在。如果长沙的影视企业具有张艺谋、冯小刚、张纪中这样的优秀导演，那么长沙的影视业会年年山花烂漫。据中介评估机构评估，八一制片厂一年的经济效益还不如张艺谋一年导演的作品的经济效益。那么怎样才能建立起高水平的影视人才队伍呢？第一，培养。精选出一些优秀苗子，请像张艺谋这样的大师带传帮教。第二，引进。成功引进高端人才的两个必须条件：一是给予对方动心的待遇，二是提供适应对方发展的环境条件。此外，还要建立切实可行且操作性强的激励机制，为人才的发展提供动力。

（二）提升长沙影视业融资水平

好的影视品牌的打造需要投入大量资金，一部优秀的电影投资上亿，像《水浒传》这样的电视连续剧作品需要近 10 亿资金。影视业是烧钱的行业，而且风险也较大，不可能全部由影视企业或者政府投资。所以，必须想办法开拓融资渠道，筹措资金。融资的渠道很广，可以银行贷款，也可以从其他企业或者个人引进资金。在经济社会发展新常态下，一方面，影视产业可以借助资本的力量进行提升与发展；另一方面，传统主流金融机构的进入，一定程度上会进一步规范融资流程，降低融资风险，提振收益预期率。所以，"影视众筹"基本成为目前影视融资的主流转向。长沙影视界除了要进一步拓展和完善传统的直接投资、银行债权融资、广告收入、政府财政投入等融资方式外，还需要在建构股权融资、版权质押、版权预售、演员股份制等新兴的多层次融资体系上下功夫。另外，要积极借鉴国外影视业界的先进经验，不断完善长沙影视业的投资风险保障机制。比如，对于制片投资所面临的风险，国外通常采取的措施是通过分散投资来加以规避。如，采用制片厂联盟的形式，即几家大制片厂联合对影片进行投资。对私人投资者则采取特种经纪人制度。这些特种经纪人一般是税务律师或投资顾问，他们的客户是一些拥有高风险资本并希望投资电影的人。特种经纪人的做法往往是把一些客户的电影投资资本合并起来，然后分别投资于几部不同的影片，通过对投资的交叉担保，使风险降到最低。

（三） 拓宽影视品牌产品的营销与盈利渠道

长期以来，长沙大部分民营影视机构遇到的问题是发行渠道较为狭窄。民营影视机构应在以前的销售方式、渠道的基础上，通过挖掘新市场来拓宽品牌产品的销售渠道。近几年来，在社会经济和科学技术快速发展的背景下，新媒体逐渐拓宽自身的销售渠道。对于民营影视机构而言，新媒体的发展为其带来了很多发展机遇，例如在数字电视发展的背景下，电视节目的收看更加具有选择性和开放性，人们的影视消费需求日趋多元化，从而加大了对民营影视产品的需求。随着互联网技术的快速发展，电影、电视与网络之间的联系变得越来越密切，在如此的背景下，网络影视就成为民营影视的又一个新市场。因此，长沙民营影视企业应重视对网络营销渠道的开发，注重利用手机、移动数字电视等移动终端来行销自己的品牌产品。另外，无论是长沙民营影视企业还是国有影视企业都要加强对后电影产品的开发。有资料表明，美国电影产业的总收益，20%来自银幕营销，80%来自非银幕营销，如好莱坞的电影营销是银幕营销和非银幕营销齐头并进、互为支持的连锁式营销方法，具体表现为银幕营销、电视营销、家庭影院、网络营销和相关商品开发这"五位一体"的营销构架。电影营销不应该局限于影片本身，一部电影的商业运作是可以通过一个产业链做营销的。电影产品如果是强势品牌，很容易拉动商家趋之若鹜，例如《星球大战》系列的周边产品的销售收入早已经超过了50亿美元；如《七剑》开发了包括七八千万人民币的网络游戏以及动漫，徐克导演亲自设计的七把剑也被制成了礼品盒等。同时，在电影品牌之下，特许经营、联合促销、植入性广告等，都是很有盈利潜力和空间的。

（四）加强影视基地和影视工作室建设

影视基地和影视工作室是打造影视品牌的重要依托，是影视业走规模化道路的有力举措。近年来，由于市场竞争日益激烈，中小微影视工作室很难与名导、名编、名演员这些行业内的核心资源合作。如果中小微影视工作室的项目未得到电视台或者视频网站 30% 至 40% 的投资，发行渠道和回款更无法得到保证，潜在风险很大。为此，中小微影视工作室只有通过抱团取暖、规模化发展，才能在市场中抢占一席之地。现在，越来越多的中小微影视工作室都认识到，一部作品的亏和赚，或者首轮和二轮发行只是短期效应，长期累积的平台价值和品牌价值才是核心价值。为此，影视工作室应该不断增强 IP（Intellectual Propety）价值挖掘、衍生品开发和内容营销能力，为上市做好准备。一是要推进导演工作室长期资本化。对于导演工作室来说，导演工作室的导演及其多年来累积的拍摄经验是核心资源，且导演的工作时间可以通过合同规定来保证。导演工作室一个典型特点就是"黑洞效应"，即导演拍摄出优秀作品成名后，市场中自然有好的合适的剧本来与该导演匹配，导演工作室借此可以吸收众多优质 IP。例如，近年来，华录百纳与著名导演汪俊、刘新、何群、刘进及制片人罗立平合资设立由华录百纳控股的制作公司，收益共享、风险共担，来锁定导演这一影视产业核心资源，从而实现内涵式增长。通过结合"华录百纳的资源和资本平台"和"核心资源的研发和创意能力"，孵化打造成业内领先的独立制作公司。二是推进编剧工作室经纪平台化。对于个人编剧工作室来说，编剧的创作能力相对不稳定，在家创作不能确保作品的原创性、现实性。电影可以靠演员精湛的演技和完整的故事结构赢得票房，但编剧必须靠情节和细节吸引观众。美国影视产业的通行做法是，编剧群体创作，以《生活大爆炸》为例，其编剧就是 7~8 人结构合理、视角不同的编剧团队，毕竟个人的创意和思路是有限的。我国影视产业也需要一批优质编剧经纪公司的快速崛起，通过市场化、专业运作组建有情怀、有理想的编剧团队，同时吸纳各行业的业余写手，培养优秀编剧提升剧本质量，打造影视精品。例如，我国的一些律所已经开始尝试编剧、投拍法律题材类的影视作品，这对于我国影视剧作品质量的提升具有重要作用。三是推进演员工作室粉丝经济化。"演而优则投"已成为我国电影产业的重要发展趋势。演员工作室凭借自身粉丝效应与中小型、成长的拟上市影视公司积极对接是"新常态"。这主要是因为，第一，从资本市场角度来说明星是影视企业的核心资产，其不仅是票房、收益率与盈利空间的重要决定因素，而且也是关键的决定因素。在资本市场中，"明星股东"能为该公司吸引人气和资金。第二，从企业运营角度来说，明星股东也会授予影视重要的代理权，同荣辱、共进退，实现双赢。华谊曾经以 7.56 亿元高价收购了仅成立一天的东阳浩瀚公司 70% 的股权，而该公司的股东大部分都是明星，这包括李晨、冯绍峰、Angelababy、郑恺、杜淳等，从而实现了对艺人的捆绑。第三，从明星增值角度来说，明星投资入股电影公司是对其人脉资源的高效整合，也自身市场价值的溢价。

第二章　内容为王：做强湖南出版产业品牌

在我国出版市场，"出版湘军"声名远播，已成为一支重要的出版力量。长沙湖南出版集团、中南出版传媒集团股份有限公司、青苹果数据中心等品牌成为"出版湘军"的重要力量。把握出版业发展新趋势，把"内容为王"的理念贯穿到品牌的发展过程中，将出版产业品牌做强是湖南文化产业发展面临的重要课题。

一、顺势而为位居全国前列

过去，我国出版业企业原来属于国有事业单位。改革开放以来，出版业开始了市场化和产业化运作，国有事业单位体制逐步改变。经历了几十年的改革发展，到如今，我国出版业进入集团化发展和运作的阶段，出版发行企业集团不断涌现。其中，不少集团还采取股份制改造的方式进入资本市场，在资本市场进行融资发展，出版企业的经济规模和竞争力不断增强，走出去开拓海外市场也有一定突破。当今，出版消费市场呈现出从卖方市场转向买方市场的特征，互联网技术的快速发展创造了巨大的阅读需求并进行分流，图书出版业开始进入深度调整期，由高速增长进入到中低速增长。一方面，传统的图书市场增长潜力有限，市场规模短期内不可能有大的变化。中国出版业微利时代已经到来，从中小学教材出版发行进行的各项改革可以看出，大众出版领域的无序竞争和低水平竞争需要改变，否则现有的盈利模式难以为继。传统的经营模式在出版机构的转企改革的冲击下，相关企业的运行成本呈现出上升趋势。另一方面，专业出版的发展速度仍然缓慢，数字出版虽快速发展，但是比较成熟的商业模式尚未完全形成规模，出版产业转型面临非常大的压力。

在这种宏观背景下，湖南长沙出版业顺势而为，抓住有利机遇，根据市场需要抓转型，总体上位居全国前列，并且涌现了不少品牌。2009 年，在首次全国经营性图书出版单位等级评估中，湖南人民出版社、湖南文艺出版社、湖南科学技术出版社、湖南美术出版社、岳麓书社、湖南师范大学出版社被国家新闻出版总署评定为一级出版社。在全国各省市排名中，湖南一级出版社数量排第 2，上海、江苏并列第 1，湖南比第 1 名仅少 1 家。2012 年 8 月，这六家出版社均获得"全国百佳图书出版单位"荣誉称号。

（一）集团化品牌迈入全国出版五虎上将之列

1. 集团化催生中南传媒

中南传媒（中南出版传媒集团股份有限公司）由湖南出版投资控股集团有限公司主营业务和资产重组改制而来，下设 27 家分公司，成立于 2008 年 12 月 25 日。中南传媒经营业务涉及的媒介包括图书、期刊、报纸、电子、音像、网络、动漫、电视、手机媒体、框架媒体等种类，既做编辑、印刷，同时又拥有湖南省新华书店有限责任公司、湖南省新教材有限责任公司、湖南珈汇教育图书发行有限公司、湖南联合教育发行物有限公司、上海浦睿文化传播有限公司、中南博集天卷文化传媒有限公司、北京涌思图书有限责任公司等 7 家发行单位，是典型的多介质、全流程、综合性的出版传媒集团。其产业涵盖了出版、印刷、发行、报刊、新媒体、金融等六大产业。中南传媒还是中国第一支全产业链整体上市的出版传媒公司。

中南传媒将以"催生创造、致力分享"为经营理念，以"线上与线下结合、产业与金融结合"为发展路径，大力实施"传播数字化、业态市场化、品牌集群化、经营国际化、运营资本化、管理标准化六大战略"①，现已经形成了强大的传播力、公信力、影响力，成为国家级新型出版传媒集团，并且在世界范围内具有影响力，发展成为世界知名的信息服务和传播解决方案提供商、华文全媒介内容运营商、重要的文化产业战略投资者。

2015 年，中南传媒营业收入已经突破 100 亿元，达到 100.85 亿元，归属于上市公司股东的净利润高达 16.95 亿元，在全国出版上市公司中排第一位。集团还曾获得第二届中国出版政府奖（先进出版单位奖），在全国文化企业 30 强评比中，连续多年入选。进入《财富》2011 中国最大企业集团 500 强，进入全球出版企业 10 强（在 10 强中排位第 7）。

在"2016 全球出版 50 强峰会"上，2016 年全球出版企业 50 强排名出炉，中国有 5 家出版企业进入名单②，中国五大出版集团一起亮相，引国内外同行一致惊叹。这 5 家中，湖南中南出版传媒集团排名第 6，表明其在国内出版企业中的领衔地位业已形成。2017 年，中南传媒实现营业收

---

① 中南出版传媒集团网 http：//www.zncmjt.com/

② 全球出版企业 50 强排名由美国《出版商周刊》、英国《书商》、法国《图书周刊》等权威媒体发布。2016 年进入全球出版企业 50 强的中国企业有：中南出版传媒集团、凤凰出版传媒集团、中国出版集团、浙江出版集团、中国教育出版传媒集团，分别排名第 6、第 7、第 17、第 18、第 20。

入 103.60 亿元。2018 年，中南传媒图书市场占有率排名全国第二，仅次于中国出版集团。

就如国际知名出版咨询公司 RWCC 创始人吕迪格·魏申巴特说的那样，中国的出版和传媒产业的发展有自己独特的地方，大的出版集团，并不一定是在北京、深圳、上海等经济发达的城市发展起来，像中南传媒这样大的出版集团就是。这说明在中国，一些省份正扮演着越来越重要的角色，中国的传媒行业是一个非常有活力、多元化的市场。

2. 品牌中的品牌

中南传媒充分利用湖南出版投资控股集团有限公司以前形成的市场优势，进入国内出版第一方阵，成为优势出版传媒集团、中国出版传媒骨干企业。全国第一次经营性图书出版单位等级评估中，中南传媒旗下 5 家出版社凭借较强的竞争实力进入一级出版单位，摘取了"百佳图书出版单位"荣誉，在全国各大出版集团中入选数排名第二。在科普类、作文类、古典名著类、文学类、经管类、心理励志类、音乐类、艺术收藏类等细分图书市场，中南传媒长期占据领先地位。其编写的中小学新课程标准试验教材拥有自主知识产权，面向全国 28 个省（市、区）发行，市场占有率、销售收入、利润在全国地方出版集团中位居第一位。

值得一提的是，中南传媒的湖南文艺出版社，这是一家享誉海内外的专业性文艺图书出版社。这家出版社出版文学、教材、音乐、文化和其他艺术类图书。在全国文艺类出版社中，湖南文艺出版社综合出版能力排名第三，打造了各种畅销书。这家出版社出书特色鲜明，书品丰富，书的制作精美，除了出版教材、文学、音乐、青春读物、体育、旅游文化和大众生活类图书，还创办了大型文学期刊《芙蓉》杂志，在学界、艺术院校、文坛和读者中享有着较高声誉，并产生了较好的社会影响。同时，湖南文艺出版社又是中国三大音乐出版机构之一，每年出版音乐类新书 200 多种，在销图书1 000多种，涉及音乐图书的各个门类，市场占有率稳居全国前三，被誉为"南方音乐码头"①。湖南文艺出版社的音乐出版国际化水平高，在国际上有良好的声誉，目前，已与俄罗斯、德国、美国、英国、韩国等国家和中国香港、中国台湾地区的30多家著名音乐出版机构形成了战略合作伙伴关系，引进和共同开发音乐图书400多种，专业读者反响很好。同时，湖南文艺出版社作为全国的中小学音乐教材出版基地，全国有26个省市的中小学使用其出版的新课标音乐教材，市场占有率达30%，音乐教材在全国范围内产生了较强的影响力。

表 2-1　湖南文艺出版社出版的品牌书

品牌类型	主要作品
代表性图书	《一个女人的史诗》《曾国藩》《杨度》《丑陋的中国人》《三毛作品系列》《世界短篇小说精华》《诗苑译林丛书》及《贝多芬交响乐总谱全集》《全国音乐院系教学总谱系列》等
畅销书	《青瓷》《红袖》《命运》等
获国家奖的图书	《杨度》《中国农村大写意》《苍山如海》《方成谈漫画艺术》等

岳麓书社创建于 1982 年，是一家古籍专业出版社，主要编辑出版湖南地方古籍、重要史籍、古典著作普及读物、今人研究古籍和古代文化的学术专著，以及文史知识读物和中学历史教材，古籍市场占有率第一。已经推出了《船山全书》《走向世界丛书》《曾国藩全集》《魏源全集》《敦煌愿文集》《左宗棠全集》《沈从文别集》《郭嵩焘全集》《湘绮楼日记》《陶澍全集》《里耶发掘报告》《湖湘文库》《湖南出土简牍选编》等一大批既具全国性意义，又富有地方特色的精品书籍，以深厚的湖湘文化底蕴

① 中南出版传媒集团网 http://www.zncmjt.com/

和鲜明的古籍文化特色树立了出版品牌形象，为社会科学多个领域的学术研究提供了宝贵资料。岳麓版历史教材不仅在全国历史教材份额中名列前茅，创造了地方出版社开发教材的奇迹，而且在2010年与韩国祥明大学签订协议，岳麓版初中、高中历史教材共7种岳麓书社出版的古典名著，被祥明大学作为教材使用，从而树立了"中国中学教材首次走出国门"的标志。

湖南科技出版社成立于1979年，是最早引进霍金著作的出版社。教材做得很好，数学教材已经抢滩台湾。自建社以来出版了多种在社会上具有相当影响力的优秀图书，如《时间简史》《世界是平的》《设计学概论》《此生未完成》《医学临床"三基"训练》等系列作品，拥有吴国盛、吴钟琪、靳羽西等优秀的作者团队，并在科普、护理等细分图书领域的市场占有率连续多年位居全国首位。

中南传媒集团旗下的湖南省新华书店有限责任公司年度创利排名全国发行集团第一；湖南天闻新华印务有限公司综合实力位居全国新华印刷企业首位红网综合实力排名全国综合网站第八、全国地方新闻网站第一；《快乐老人报》位居全国邮发报纸前四强、全国老年纸媒首位；湖南出版投资控股集团财务有限公司是中国文化行业首家财务公司；湖南泊富基金管理有限公司成为出版传媒板块首家基金管理公司。与华为合资的天闻数媒科技（北京）有限公司是数字教育行业龙头企业之一，与腾讯合作打造的大湘网成为湖南影响力最大的生活门户网站。成功并购最具核心竞争力的民营书业北京博集天卷公司，组建中南博集天卷文化传媒有限公司，成为畅销图书的集聚地。

表 2-2　中南传媒集团旗下的文化子公司

板块	文化子公司
出版	湖南科学技术出版社有限责任公司（国家一级出版社）；湖南岳麓书社有限责任公司（国家一级出版社）；湖南文艺出版社有限责任公司（国家一级出版社）；湖南人民出版社有限责任公司（国家一级出版社）；湖南出版中心分公司；湖南教育出版社分公司；湖南美术出版社有限责任公司；湖南少年儿童出版社有限责任公司；湖南电子音像出版社有限责任公司；民主与建设出版社有限责任公司
报纸与新媒体经营	湖南潇湘晨报传媒经营有限公司；湖南天闻动漫传媒有限公司；中广潇湘广告（北京）有限公司；天闻数媒科技（北京）有限公司；湖南教育电视传媒有限公司
印刷	湖南天闻新华印务有限公司
印刷物资销售	湖南省印刷物资有限责任公司
发行	湖南省新华书店有限责任公司；湖南省新教材有限责任公司；湖南省珈汇教育图书公司；湖南联合教育出版物有限公司；北京涌思图书有限责任公司；上海浦睿文化传播有限公司；中南博集天卷文化传媒有限公司
金融	湖南泊富基金管理有限公司（出版传媒板块首家基金管理公司）；湖南出版投资控股财务有限公司（中国文化行业首家财务公司）
会展	湖南中南国际会展有限公司
海外	中南安拓国际文化传媒（北京）有限公司

注：表中资料来源于中南传媒集团网。

　　湖南出版控股集团打造了《湖湘文库》《延安文艺大系》《历代辞赋总汇》《走向世界丛书》等一批有集成意义的重点文化工程，推出了《正能量》《大清相国》等一批优秀畅销图书；培育了期发量过 230 万份的《快乐老人报》。湖南省新华书店隶属于湖南出版投资控股集团和中南出版传媒集团股份有限公司，经营范围涵盖图书、教材、音像制品、电子出版物、文化用品、期刊的批发零售和图书进出口等，经营规模和综合实力稳居全国新华书店系统前三位，先后获得"湖南品牌信誉百强单位""湖南出版政府奖先进出版单位""全省文化体制改革 30 强"等荣誉。《潇湘晨报》是湖南最具影响力和公信度的平面媒体，2018 年，腾讯媒体研究院联合新榜，推出腾讯新闻媒体影响力区域排行榜。榜单对重庆、山东、浙江、上海、湖北、广东和湖南等八大区域进行 TOP50 指数排名，在湖南榜单前 50 名中，《潇湘晨报》新媒体占两席，以 952.14 的综合得分占据第一①。天闻数媒是国内领先的互联网教育平台商，天闻数媒智慧教育产品已覆盖全国 24 个省（自治区、直辖市），服务约 5000 所学校，上千万师生。在 2018 中国国际大数据产业博览会期间，中国首席数据官联盟在贵州发布《中国大数据企业排行榜》（第五版），天闻数媒又获得了智慧教育企业榜单第一名（第 4 次）②。

（二）专业化品牌，担起对少年儿童春风化雨的社会责任

综合性出版社可能因为体量及某个方面在全国形成重要影响而成为品牌；专业性出版社可能因为在某个专业领域方面做强做精，成为这个领域的品牌。长沙湖南少年儿童出版社便是全国儿童出版领域的一个品牌，也迈入了少儿出版领域的五虎上将之列。

1. 全国少儿出版社的一颗明星

湖南少年儿童出版社有限责任公司成立于 1982 年，以服务社会、以书育人为己任，以出版富有文化内涵的高品位少儿读物为目标，服务教育行业，引导少年儿童追求真善美的境界。湖南少年儿童出版社目前拥有低幼启蒙读物、少儿文学、新开心作文、知识科普、青春文学等五大图书品牌，同时还拥有教材教辅、成长励志、心灵关爱、动漫游戏益智等优势板块，旗下还有优质校园写作期刊《花火》。湖南少年儿童出版社已成为码

---

① 《潇湘晨报数字报》，2018 年 6 月 1 日。
② 红网，2018 年 6 月 15 日。

洋近 7 亿元、发行能力名列全国少儿出版界"五强"的一流出版社。

2. 缕创佳绩定地位

成立至今，湖南少年儿童出版社所出图书在国际国内各种图书评奖中屡获大奖。其中，以《中国革命史话》丛书、《精神之火》、《大科学家讲的小故事》丛书、《生命状态文学》丛书、《科学之门》丛书、《无人区科学探险》系列等为代表的精品图书连续 5 次获得全国"五个一工程"一本好书奖，4 次获得国家图书奖，3 次获得中国图书奖。2010 年出版社荣获"全国新闻出版行业文明单位"称号；所出图书《王子的长夜》荣获第三届中国出版政府奖图书奖；《蓼花鼎罐》《大英儿童百科全书》《我是小艺术家》入选2014 向全国青少年推荐百种优秀图书；《小千鸟》、《笨狼和胖棕熊》、《四叶草丛书（第二辑）》入选 2015 向全国青少年推荐百种优秀图书。

3. 多方揽贤出精品

湖南少年儿童出版社汇集了曹文轩、秦文君、汤素兰、沈石溪、冰波、王一梅、金波、葛翠琳、方素珍、张海迪、梅子涵、周锐、葛冰、邓湘子等著名儿童文学作家，开发了《王子的冒险》系列、《冰波童话》、《奇迹花园》、《曹文轩水精灵》丛书等名家原创图书产品线；自主开发的专家讲中国传统文化的《文化中国》丛书，备受好评；成功打造了小妮子、米米拉、慕夏、乐小米等一系列原创青春文学畅销作家及作品，《苍耳》《森永高中三年二组》《月光之绊》等成为青春校园热销图书；《门道：曹文轩讲作文》《同步作文》《轻松作文》等"新开心"作文系列图书颇受中学生欢迎，在全国范围内产生了较好的社会效应，"新开心"作文图书因此而成为全国作文类图书知名品牌。出版社积极进行国际的出版合作与交流，《全球儿童文学典藏书系》《青蛙弗洛格的成长故事》《从小爱科学》《暖暖心绘本》等引进图书，广受读者欢迎。

(三) 数字化品牌展现新特色

数字技术的应用，使得传统出版行业整个链条震动、断裂、重组，出版发行被重新定义。出版媒体集团要生存、要发展，资源的识别和获取、放大的能力非常重要。手机出版、网络游戏出版和互联网广告，成为数字出版产业的主力军。随着智能手机、平板电脑的广泛使用和"三网融合"进程的加快，以及各类电子终端阅读器兴起，使用手机和平板电脑等进行阅读已成为大部分人的习惯。长沙实施以重点项目带动数字出版产业发展的战略，涌现出中南出版传媒集团、体坛传媒集团等20余家在全国具有一定影响力的数字出版骨干企业。

1. 政府支持推动品牌数字化发展

在数字化大趋势下，国家对文化产业数字化项目进行扶持，以推动数字出版产业发展。2014 年，长沙有 7 个数字化项目获得中央财政支持（表2-3），在财政资金支持下，数字出版产业获得了快速发展。

表 2-3 长沙出版产业获得中央财政支持的数字化项目

项目名称	支持金额（万元）
中南出版传媒集团的中国出版物在线信息交换标准应用示范工程项目	1 600
体坛传媒集团的移动互联网体育社区平台项目	1 500
今日女报的凤网女性创（拓）业数字服务平台项目	1 000
四海通达的手机数字出版平台项目	800
天闻数媒的数字泛载阅读平台建设及多维应用体系项目	600
湖南省青苹果数据中心有限公司的出口奖励	130
合计	5 630

2. 数字化催生新品牌

数字出版品牌青苹果数据中心于 1991 年筹建，1992 年注册，是中国创建最早的数字化企业之一。二十多年来，主要从事电子出版物、数据库产品的开发、出品、销售，完成了一百多项国内外大型数字化工程，已成为中国最主要的数字化产品制作商和内容供应商。作为主流文化创意企业，是中国主要电子出版物制作商和内容提供商，青苹果制作、出品、发行数字化产品一百余种，包括《人民日报》电子版、《光明日报》电子版、《香港文汇报》电子版、《国家大剧院演艺资源数据库》、《毛泽东文献》、《邓小平文献》、《中国共产党理论资源数据库》等重大项目。

青苹果主要经营电子出版物、数据库和图书产品的制作、开发、销售。开发的产品有一百多种，主要为马克思列宁主义、毛泽东思想、邓小平理论著作，中国共产党、中国政府的重要文献，部分为普及性电子图书产品。青苹果和中直机关、中央文献研究室、中央文献出版社、中央编译局、人民日报社、人民日报出版社、新华社、解放军报社、解放军出版社、国家大剧院以及全国多个大专院校建立了合作伙伴关系。产品销售对象为全国大中型图书馆、报社、杂志社、出版社、大专院校。青苹果开发的《人民日报》系列产品在世界范围内有四百家大型图书馆客户，包括联合国、美国国会、日本国会、欧盟以及欧美知名大学——伯克利大学、密西根大学、哈佛大学、耶鲁大学、牛津大学、普林斯顿大学、剑桥大学、斯坦福大学、柏林大学等。

表 2-4   青苹果数字工程

数字工程名称	合作出版社	产品形式
《人民日报》1946—2008 电子版	中央文献出版社	光盘版（DVD-5，DVD-20）、硬盘版、互联网版
《人民日报》1946—2008 缩印本	人民日报出版社、中央文献出版社	电子版
《人民日报》1946—2008 作者总索引	人民日报出版社	年度光盘、全刊电子版、互联网版
《光明日报》1949—2008 电子版	光明日报出版社	电子版
《南方周末》1982—2006 电子版	南方日报出版社	电子版
华文历史文献资源数据库	《申报》（1872—1949）	电子版
国家大剧院艺术资源数据库	国家大剧院	电子版
《中国革命领导人文库》	中央文献出版社	电子版
《家庭藏书集锦》	红旗出版社	电子版
《毛泽东 110 周年文献》	中央文献出版社	电子版
《邓小平 100 周年文献》	中央文献出版社	电子版
《周恩来 100 周年文献》	中央文献出版社	电子版
《朱德 100 周年文献》	中央文献出版社	电子版
《刘少奇 100 周年文献》	中央文献出版社	电子版
《陈云 100 周年文献》	中央文献出版社	电子版
《任弼时 100 周年文献》	中央文献出版社	电子版
《中国歌曲数据库》（1919 —2003）		电子版
《半月谈系列刊物 20 年合订本》	新华出版社	电子版
《中华医学杂志》1949—2004	中华医学电子出版社	电子版
《中华百科藏书》电子图书系列产品	北大青鸟电子出版社	
《江泽民"三个代表"电子版朗读版》	中央文献出版社	电子版朗读版
《人民日报》刊载文章个人作品集	人民日报出版社	
《奥运会中英对照语言句型库》		
《中国电力百科全书》	中国电力出版社	

表 2-5　青苹果产品技术获奖

产品	奖项
《深圳特区报电子版》	2001 年获北京市优秀电子出版物奖
《毛泽东文献》	2004 年获国家优秀电子出版物，2005 年获北京市优秀出版物奖，2006 年北京市优秀电子出版物奖
《人民日报图文电子版》	2005 年获中国新闻技术奖（王选新闻科学技术奖）
《广西日报电子版》	2007 年获中国新闻技术奖（王选新闻科学技术奖）
《中国电力百科全书》	2008 年 12 月获第二届中华优秀出版物奖（音像、电子和游戏出版物类别奖）
《天津日报》全信息标准数字化智能信息系统	2011 年 7 月获"第五届王选新闻科学技术奖"一等奖

（四）民营化品牌，出版界的后起之秀

过去我们的出版一直是国有运营。政策放宽之后，民营资本进入出版业，民营出版在激烈的市场竞争中，立足"内容为王"，找准切入点，同样可以成为有影响力的品牌。长沙的天舟文化就是这样的一个品牌。

1. 民营出版

分两步看，第一步是发行的放开。过去，图书总发行权由国有企业垄断。2003 年，《出版物市场管理规定》出台，由谁发行出版物这个主体放开了，不再只是国有企业，民营企业和个人可以进入图书出版物的发行。只要具备《出版物市场管理规定》中规定的条件，企业或者其他单位可以申请从事出版物批发业务，出版物零售企业或者其他单位、个人可以申请从事出版物零售业务。

第二步是出版的放开。2009 年，《关于进一步推进新闻体制改革的指导意见》出台，该意见为民营书业企业正名，第一次提出"非公有出版工作室"，将民营书业企业视作"新兴出版力"，是新闻出版产业的重要组成部分。传统出版社过于传统，很多好的策划受到旧机制的条条框框约束，难以实现，而民营出版拥有创造发挥的潜力，《关于进一步推进新闻体制改革的指导意见》恰恰是为民营出版企业的发展释放了空间。此后，出版领域中民营企业异军突起，民营企业策划的图书越来越多地占据了各类大众图书榜单。究其原因，民营出版企业善于把触角伸及消费者端，抓住社会关切点，策划一本更加易为读者接受的图书。在这个行业内，只要成功策划出版一本畅销书，就会产生很可观的收益。一本畅销书的利润可以达到几十万甚至几百万。

2. 天舟文化

天舟文化以从事传统图书发行业起家，其前身最早可上溯到 20 世纪 80 年代初期在中国四大书市之一的黄泥街所从事的图书经营业务。2003 年 8 月 18 日，公司注册成立。2010 年 12 月 15 日，公司在深圳证券交易所创业板上市，被誉为"中国民营出版传媒第一股"。

天舟文化按照"（教育＋娱乐＋文化）×互联网"的发展思路，积极布局教育资源与服务、移动互联网游戏、优质文化的传播与传承，形成了三个板块：

（1）以教材教辅为核心，提供优质教育资源与服务，让人成长；

（2）以手游为核心，提供优质娱乐资源与服务，让人快乐；

（3）以建设天舟书院、办好人民天舟出版公司为核心，做好优质文化的传播与传承。

目前，天舟文化已发展成为规模、效益和影响力位居全国同行前列的标杆性企业。

二、结构缺陷彰显后继乏力

长沙出版业已经打造了响当当的品牌，企业品牌不仅在全省范围内承担着重要的出版担子，图书品牌在全国范围内也产生了一定的影响，有些图书品牌已经迈出了国门。然而，在激烈的市场竞争中，无论是企业品牌之间还是产品品牌之间竞争激烈，同国内其他省市出版品牌相比，长沙出版品牌存在着结构性问题。

（一）重视大品牌，而轻视小品牌

通常我们所说的品牌，有行业品牌，也有企业品牌，还有产品品牌。一个区域既要有行业品牌和企业品牌，更要有产品品牌。因为产品品牌是企业品牌和行业品牌的支撑。"出版湘军"是湖南的品牌，也可以说是长沙的品牌，因为"出版湘军"的绝大部分企业集中在长沙。"出版湘军"是一个大品牌（产品量大的品牌）。湖南省通过文博会、书博会等强有力的宣传方式，打造了一支强大的文化产业湘军，其中，"动漫湘军""广电湘军""出版湘军"等都是这支队伍的重要力量，享誉国内外，然而，由于每个层面的传播力度存在差异化，在"出版湘军"这个大品牌下，长沙的出版品牌不太显著，在出版社及集团层面，其传播力度和效果就差很多。在这种情况下，出版品牌必然会受到不同程度的影响最终使品牌带有明显的缺陷。

（二） 出版品牌定位缺乏鲜明的个性

品牌就是一个能够被最广大消费者接受认可却与众多其他同类产品不同的产品，同样地，作为出版品牌，它首先必须与众不同。出版企业在实施品牌化战略的同时，不仅要立足省内，还要放眼全国、全球，确定鲜明的个性定位。长沙不同的出版社对出版品牌做了切合自身实际情况的定位，湖南出版投资控股集团所做的多介质传播文化，在全流程创造价值，和同行业企业比较，这种定位方式既有力度又有气势，然而，这种大而全的定位方式并没什么特色。为什么说是大的定位方式，是因为提到的多介质，囊括了新媒介和传统媒介在内的较大范围，包含了产业链条上的各个环节。这其实是一个向新领域及新媒介进军的宣言，而不是纯粹的出版品牌定位。因此，多介质传播文化、全流程创造价值，作为湖南出版投资控股集团的品牌定位显然不够精准。出版品牌定位的准确度也有待提高，需要有敏锐的触角，抓住市场需求，做出品牌。

（三） 品牌的创新力度需要进一步加强

所有品牌都需要创新，创新是出版品牌保持持续活力的关键。长沙出版品牌要想产生新的飞跃，必须要不断地改革创新，在内容、信息传播等各个方面都要通过创新取得突破，进而实现该行业的转型升级。随着信息技术的日新月异，消费者对于新闻出版产品和服务的需求也会发生相应的变化。综观近一二十年来长沙出版品牌的发展历程，依靠数量取胜的品牌较多，品牌的科技含量低，创新力有限，创新空间有待开拓。由于品牌创新意识较弱，没有或者较少使用新兴的技术设备，就导致在出版业领域所产生的市场功效不足以让品牌持久，最终使得出版业出版的产品内涵不足、技术指数偏低。为此，要发展长沙的新闻出版品牌就必须把握时势，加大创新。

（四）"走出去"比例偏少

成为国际品牌是品牌建设的长期战略目标。长沙创造了湖南省内及国内有名的出版品牌，但是走出国门的品牌并不多。有两家出版社出版的教材走出了国门。青苹果开发的《人民日报》系列产品在世界范围内有 400 家大型图书馆客户，包括联合国、美国国会、日本国会、欧盟以及欧美知名大学——伯克利大学、密西根大学、哈佛大学、耶鲁大学、牛津大学、普林斯顿大学、剑桥大学、斯坦福大学、柏林大学等。总体上看，能够走出去的出版品牌占比较少。今后长沙出版品牌不仅要活跃在国内舞台上，还要推动出版品牌走向世界，由省内品牌成为国内品牌再成为世界品牌，不断实施出版品牌国际化战略，扩大"走出去"的比例。

三、因势而发力更上一层楼

湖南长沙已有的出版品牌，无一不是抓住行业发展的大趋势而形成的。然而，品牌之间的市场竞争也很激烈，不进则退，老品牌受到新品牌的挑战，一方面要保持住老出版品牌的影响力，另一方面要着力打造培育新的出版品牌。

（一）加强出版物的内容创新

在出版融合发展的新态势下，新技术传播的便捷性和快速性使得受众接触到内容资源的周期大大缩短，新形势下，遴选优质内容，保证产品质量显得尤为重要。无论内容载体的形势如何变化，内容始终是出版业品牌的核心，只有充分发挥内容优势，才能实现传播优秀精神文化的职能，出版业品牌才能在激烈的市场竞争中稳步前进，保持活力。

有价值的专业内容是出版企业生存发展的基石，在知识产权日益规范的时代，出版业版权经济特征越来越明显。如今，信息技术、网络技术高速发展，出版不能缺少技术，但是便利程度更重要，依托"内容王""技术王"才能充分发挥作用。一个出版社是因为其品牌书而出名。打造精品力作，通过创新产品满足读者的阅读需求正在成为出版业致力追求的目标。随着国民文化水平的提高，阅读市场具有巨大的需求空间，但形态发生了明显的变化。技术的发展和业态的变化都是依赖出版内容的专业化和品牌化，出版业在内容提供方面的独特价值正在成为其生存发展的源泉。而专业性出版内容的独占性，只有通过版权运作的渠道体现其价值。出版行业要跳出传统介质和形态，从面向图书市场向面向阅读市场转变，通过占据优质版权资源开展版权经营活动，提供延伸服务。

出版产业的发展进入了提升产品的内容质量，实施精品化发展战略的阶段。出版行业的企业纷纷从单纯的内容生产者转变为内容生产的组织者和版权主导者，同时从图书市场转变为阅读市场，占据主动权。有的出版企业依靠打造超级畅销书使出版社在市场中站稳脚跟，并形成出版品牌。实际上出版品牌应构建多元化的内容生产体系，重视选题开发和原创开发，同时又不忽视编校和装帧。

（二）加强出版业的知识产权保护

纵观世界经济品牌，都是在很好的产权保护下存活下来并发展壮大，进而主宰市场。可以说，没有产权保护，就没有世界品牌。出版产业品牌出版的文化产品更加需要产权保护，因为盗版比正版更加容易产生经济效益，而一个正版产品若要成为业界的品牌，需要经过长时间的淬炼，得到广大消费者持续的认可。知识产权主要针对著作权，著作拥有庞大的粉丝群，适合改编，涉及文学、影视、游戏等多个领域。在大数据的背景下，互联网的迅速普及使得文字作品的版权竞争非常激烈。目前存在版权之争的主要原因是优秀作品稀缺和市场需求巨大的现实之间的矛盾。传统出版社应向全媒体出版发展，和影视、游戏、网络等公司进行合作。据中国音数协游戏工委（GPC）提供的《2019 年中国游戏产业报告》显示：2019 年中国游戏用户规模达到 6.4 亿人。《仙剑》《古剑奇谭》等原创网络游戏催生了影视剧的改编和产生，知识产权的实质其实就是优秀原创版权内容的争夺，知识产权价值的实现有赖于全媒体开发。不论是影视、游戏还是文学等领域，知识产权的价值都在于它的原创性，通过互联网技术，建设全媒体平台，搭建从作者到出版社再到影视公司的完整产业链，才是真正实现知识产权版权价值的核心。

（三）把握数字化趋势，运用"互联网＋"思维推动品牌升级

在出版产业数字化的趋势下，新媒体和新传媒商业模式正在发育成熟，传统出版与新型出版融合初见成效。自 2010 年以来，随着移动互联网和移动数字终端技术发展取得突破，出版业数字化掀起了新一轮的高潮。传统出版单位常常会利用微博、微信等新兴媒体进行选题策划、联系作者、图书营销，在京东商城、当当网、亚马逊销售电子书，选择通过中国移动阅读基地、苹果商城、移动客户端销售电子出版物，在线教育平台等也成为投资热点。出版集团纷纷投资建立新媒体平台，并购新媒体公司，或与新媒体公司进行战略合作，实现协同发展。移动互联网将是未来数字出版发展的主战场，传统品牌出版机构要主动转型升级，抢占新阵地和平台，抓住机遇。

数字化时代，出版业的转型升级已进入深水区，如何有效快速地实现转型升级是出版业面临的重大难题。2015 年，"互联网＋"计划纳入国家战略，国家雄厚的资金支持和大数据、云计算、物联网的应用必将会促进出版业的繁荣，为出版业带来新的活力，传统出版行业品牌必须运用"互联网＋"思维转型，从传媒角度和传统年鉴的出版角度走"互联网＋媒体"的传媒发展路径和传统工具书年鉴出版的数字化道路，适应时代需求，建立集成数据库。出版从业人员要树立"互联网＋"思维，并将这一战略应用到出版业品牌中去，推动传统出版业品牌的转型升级。

（四）把握媒介融合发展趋势，推动出版品牌跨界融合

出版产业链不断延伸，出版业跨界合作拓展新领域。大批出版物的出版传播对装备制造业、消费品工业、建筑业、信息业、旅游业、农业和体育产业等各行各业都产生了一定的促进作用，出版业与其他经济的融合更加紧密。出版企业由内容提供商向内容服务提供商转型成为潮流，大众出版商正在进入大众服务产业，专业出版商正在进入专业服务产业，教育出版商正在进入教育服务产业。出版业与其他行业的跨界合作逐渐兴起，使文化内涵与实体产业实现了有机嫁接，如房地产引进书店及书店衍生服务，将读书生活融入商业文化和社区文化；时尚期刊与电商巨头合作在电商领域进行了一次时尚革命；出版单位与电视台、影视制作企业成立全国校园电影院线、影视创作公司，等等。跨界合作使出版业与其他行业实现了联动发展，开拓了出版业发展的新领域。现如今，媒体融合的势头依然强劲。微信、博客、互联网等新兴媒体日益冲击着人们的生活，传统媒体和新兴媒体正以一股不可逆转的融合之势汹涌袭来，迫使出版行业不得不进行转变，这种转变为孕育新品牌创造了机会。有敏锐的市场嗅觉力的企业往往在这个时候会抓住机遇，创造品牌。

媒体融合的时代，新媒体正在跨界侵占传统媒体的"地盘"，很多出版传媒企业为了扩展自己的盈利渠道，纷纷涉及出版发行以外的业务，顺势跨界融合。在众多领域中，出版与影视、出版与游戏、出版与设计创意方面的跨界合作较为活跃。跨界联手延伸产业链已经成为一种必然趋势，出版产业也可与文化创意和设计服务相融合。全媒体复合型人才是出版业跨界融合的支撑，这样的人才能够把握融合发展趋势，同时又懂得利用传统出版企业和新媒体企业优势进行互补。传统出版企业品牌要突破这种被

动跨界，变被动为主动，而数字出版企业品牌则是积极主动地寻求跨界的触角，不断打通上下游产业链，占据绝对的话语权，从而维持品牌的市场影响力。

（五）推动出版业品牌"走出去"

我国出版经历了产品"走出去"、版权"走出去"、资本"走出去"的三个阶段，随着大数据时代的到来，正进入"走出去"的新阶段。我国出版业需要针对国外的出版规律、读者的阅读习惯进行针对性研究，以加快形成基于大数据的出版新业态。"一带一路"的战略规划与"互联网＋"战略实施为出版业"走出去"带来了新的契机。出版品牌要实现"走出去"就要坚持做到数字化与全球化同时推进，构建核心竞争力和精细化分工同步进行，把体制优势和市场优势结合起来发展。出版业"走出去"的核心就是要建立全球化的选题、编辑、设计、出版、印刷、物流终端、读者反馈的整体产业链。在做好品牌的同时，要积极地将长沙图书品牌带入国际市场。通过参加国际书展这一有效途径，如北京国际图书博览会，法兰克福书展寻找在其他国家出版发行的合作机遇。也可以探索通过增设海外销售网点、与国外出版机构合作出版，设立分社，或直接兼并收购海外出版社的方式实现"走出去"。

（六）深化体制机制改革

当前，国有大中型企业的混合所有制改革受到了资本市场的高度关注，出版业发展混合经济面临良好的机遇。新闻出版上市公司以及非出版环节的股份制出版企业正在酝酿实行股权激励试点。特殊管理股制度试点将有序试行，以有资质的国有出版单位拥有特殊管理股为前提，允许符合条件的非公有制企业参与网络原创出版业务，给予非公有制文化企业对外专项出版权。出版企业正在通过各种方式加强与金融机构的战略合作，服务出版业的金融体系正在形成，出版企业利用金融工具拓展文化金融新业态取得了一定成效。出版传媒企业上市融资的步伐在进一步加快，规模在进一步扩大，出版企业正在借力金融谋求新发展，构建新的更具活力的出版机制，催生新的出版品牌。

第三章 供给改革：再造湖南演艺产业品牌

　　演艺产业既是展示湖南对外形象的烫金名牌，也是长沙城市综合竞争力和文化软实力的重要支撑，承载着几代湖南人的文化记忆，是广大市民心中不可磨灭的文化符号。早在20世纪90年代，湖南演艺业以其新颖绚丽的舞台设计、贴近民众生活的节目，逐渐发展成为一种融大众性、娱乐性、通俗性、参与性等为一体的新兴艺术表演方式，风靡一时。近年来，随着国家、省《文化产业"十三五"规划》等多项重要规划的出台，"文化强省"战略的提出，经济社会的发展以及民众文化消费需求增长，使湖南演艺产业站在一个新的历史起点上，迎来一个繁荣发展的黄金期。以琴岛大剧院和田汉大剧院为代表的娱乐演艺，以湖南大剧院为代表的高雅艺术演艺等多种演艺业态竞相争辉，"演艺湘军"的品牌日益响亮。2017年，湖南共有艺术表演场馆92个，共计演出9.21千场次，艺术演出收入1.82亿元；艺术表演剧团数达534个，比上年增加近100个，从业人员达1.25万人，共计演出60 200场千场次，演出收入3.48亿元。

一、演艺文化凸显长沙现象

（一）歌厅文化开辟中国式百老汇剧场模式

早在 20 世纪 80 年代，长沙的歌厅文化、酒吧文化就蜚声全国，红太阳演艺集团、琴岛歌厅开辟了中国式百老汇的大剧场模式，成为彰显湖湘文化，体现湖南地方特色的文化产业品牌，长沙市还被评为"最具娱乐幸福感"的城市。

1. 歌厅文化蜚声全国

长沙歌厅，作为长沙文化娱乐产业在全国的一张闪亮的名片，兴起于20 世纪 80 年代末，成长于 20 世纪 90 年代，在 2003 年到达了鼎盛时期。从第一家航空歌厅诞生，发展到综合性的田汉大剧院、凤舞九天演艺中心、琴岛等几家规模大的歌厅，年演出 400 多场，年营业收入近亿元，创造了"天天有演出"的盛况，形成了闻名全国的"长沙歌厅文化现象"。湖南省在 2003 年曾对 6 家歌厅进行统计，平均每晚接待观众达 6 000 人，票房 37 万元；年接待观众 200 万次，总票房 1.3 亿元。长沙各大小歌厅将本土歌厅文化与剧场文化有机结合在一起，既显美国百老汇风格，又有法国红磨坊的影子，加上舞美、灯光的合理设计，整个舞台呈现出炫目华丽、时尚风情的效果，充满时代感。大气的舞美设计和主持人幽默灵活的串词，让观众在演员的生活化、艺术化表演中获得快乐，享受了属于平民生活的大智慧与真善美，达到"大俗通雅"的境界。经过多年的积累与发展，长沙歌厅文化已成为一种深受观众喜爱，雅俗共赏、颇有品位的休闲娱乐文化，得到了广大公众的普遍认可，不仅长沙市民以到歌厅听歌为时尚，就连周边地市及湖北、江西、安徽、上海等地的群众也常来光顾，许多外地客人来长沙的一个重要休闲娱乐项目就是去长沙歌厅听歌，中央电视台、《中国文化报》等许多新闻媒介曾对长沙歌厅做过专题报道，文化部更是组织了一个全国性的，由各省、市从事文化产业的精英们组成的团队，专程来湘参观，考察长沙的歌厅，并对此给予了充分的肯定和高度评价。

表 3-1　早期的长沙代表性歌厅

歌厅名称	创建时间	地址	所获荣誉
航空歌厅	1988 年	长沙市五一路和蔡锷路交会处的蝴蝶大厦二楼	1993 年被文化部评为"全国文明娱乐厅"
琴岛歌厅	1993 年	长沙市劳动西路 339 号湖南贺龙体育馆	2000 年被文化部授予"全国文明优秀节目奖"；多次被评为长沙市"文明歌厅"并授予"五星级歌厅"称号
大中华歌厅	1997 年	长沙市人民路湖南省花鼓剧院	曾被评为"全国精神文明娱乐场所""湖南私营企业 500 强"

2. 演艺型酒吧火爆兴起

在歌厅文化的带动下，2001 年，为迎合新世纪年轻人的审美追求，在长沙市解放西路兴起了一股"演艺型酒吧"的狂潮，并迅速发展成为火爆全城乃至全省的酒吧一条街，它将酒吧文化和演艺文化有机融合在一起，成了长沙歌厅文化的一个重要分支，为长沙经济、文化的发展写出了浓墨重彩的一笔，形成了闻名全国的"长沙歌厅现象"。在形式上，酒吧里的高脚椅、小圆桌，搭以 T 型或半圆形的舞台，相对于歌厅、剧院等场所而言，酒吧这种独特的装饰设置拉近了表演者和观众的距离，更具随意性；在内容上，也是花样百变。迎合了不同受众群的审美需求。其中魅力四射酒吧被称为长沙市钻石级的酒吧，每晚场场爆满，尤其在节假日更是人山人海，每晚的客流量可达到1 000到1 200人，消费群体主要集中在 20 到 35 岁之间。此外，酒吧中开创"演艺型酒吧"的领航者金色年华酒吧在 2001 年开业，以"歌厅的性质披上了酒吧的外衣"，仅仅一年零三个月就收回了全部投资，创造了当时酒吧业的神话。

（二）传统剧目唱响祖国大江南北

湖南文源深、文脉广、文气足、文产强，湖湘戏曲特色浓郁、独树一帜，全省 19 个剧种均有经典剧目众口相传，产生了《刘海砍樵》《打铜锣》《补锅》等一大批优秀剧目，孕育了李谷一、张也等优秀艺术家。"浏阳河，弯过了几道弯，几十里水路到湘江……"更是成为一首唱遍了中国大江南北的红色经典歌曲。

湖南认真贯彻习近平总书记在文艺工作座谈会上的重要讲话精神，提出"以作品为中心抓精品创作，以人民为中心抓创作导向，以人才为中心抓队伍建设"，湖南文艺工作者深入生活，扎根人民，出台《湖南省文艺家采风制度》和《文艺家下基层管理办法》，将下基层体验生活纳入文艺专业人才评奖评优、晋级晋升等考核内容。建立首批 32 个文艺创作基地，拍摄系列电视专题片《艺术家下乡记》，引导更多文艺工作者把体验生活转为自觉行动，组织 48 位艺术家，深入湘西花垣县十八洞村等贫困山区体验生活，积累创作素材，组织创作精准扶贫题材的花鼓戏《梦随苗鼓舞》、话剧《十八洞》等。通过这些工作，创作生产出了一批有湘味、有品质的精品力作，契合了时代主题、弘扬了社会主义正能量，表现出较好的创新意识和艺术潜质。特别是 2016 年 7 月至 9 月的"湘戏晋京"展演活动，共有 12 台剧目在北京各大剧场陆续上演。其中舞剧《桃花源记》在国家大剧院展演；湘剧《月亮粑粑》、花鼓戏《我叫马翠花》、湘剧《田老大》和巴陵戏《远在江湖》在国家评剧院剧场展演；音乐剧《天使合唱团》在民族文化宫展演；京剧《辛追》、汉剧《孟姜女传奇》、湘剧《赵子龙计取桂阳》在长安大戏院展演；花鼓戏《齐白石》在北京剧院展演。这次展演的剧目中，湘剧《月亮粑粑》入选了 2016 年国家舞台艺术精品创作工程 10 大重点扶持项目，和花鼓戏《我叫马翠花》同时入选 2016 年 25 个国家重点创作剧目。京剧《辛追》、舞剧《桃花源记》、花鼓戏《齐白石》、儿童剧《天使合唱团》和湘剧《烧车御史》等 5 个剧目获得国家艺术基金 2015 年舞台艺术创作资助。

（三）高雅艺术彰显湖湘文化魅力

为推进文化强省建设，湖南省自 2013 年起开始实施"雅韵三湘"高雅艺术普及计划。活动地点以省会长沙为主，同时扩展到湖南省各市州及部分高校。演出内容以省内文艺院团创作和演出的高雅艺术精品节目为主，适当引进国内外高雅艺术剧目。雅韵三湘活动包括"艺苑金秋""舞台经典""音乐经典""好戏连台""艺动校园"五大板块，五大板块活动的每年具体演出时间、地点和内容，都通过媒体向社会公布。旨在普及高雅艺术，提高人民群众文化素养，扶持文艺院团健康发展，积极引导和培育文化消费市场，让更多的艺术精品为人民群众所享受，让文化惠民工程落到实处，进一步推动我省文化事业大发展大繁荣。

湖南交响乐团自 2015 年 2 月从湖南省歌舞剧院有限责任公司独立出来

后，在省委宣传部、省文化厅、省演艺集团的正确领导下，加强与世界一流乐团、艺术家的交流合作，坚决落实"雅韵三湘"高雅艺术普及计划，将"雅韵三湘·音乐经典""雅韵三湘·艺动四水""高雅艺术进校园"以及"送戏下乡·演艺惠民"等系列演出活动作为"常态化"演出，用心编排音乐节目，社会反响良好，现已成为国内交响乐坛的一支生力军，是湖南省文艺团体的领头羊，是省会长沙一张响亮的文化名片，为湖南乃至全国的高雅艺术推广、普及做出了一定贡献。其中 2015 年演出安排共计 88 场，邀请国内外著名指挥家、演奏家、歌唱家 100 余人次进行合作，高雅艺术受众达 7.7 万余人次。"雅韵三湘·2015 湖南音乐季"3 月的两场演出搬到了中央电视台《中国文艺》演出大厅和中国剧院，再次向世界传递了湖南声音和湖南精神，不仅树立了湖南高雅音乐的标杆，也传播了湖湘文化的非凡魅力。2016 年，为推动民族音乐交响化，湖南交响乐团精心编排了"中国经典歌剧片段音乐会"，集聚老中青三代歌剧表演艺术家，给观众们呈现了一台异彩纷呈的民族歌剧盛宴。

湖南省爱乐乐团作为省级民营交响乐团，从 2007 年成立以来，一直致力于高雅艺术的推广普及。2009 年的"共建和谐社会，奏响华诞乐章"大型公益性交响音乐会，表达了他们的满腔爱国深情；在红色剧院举办的 2012 新年音乐会，完美诠释了交响管乐的魅力；在湖南省音乐厅举行的 2016、2017 新年音乐会以及"雅韵三湘"2017 元宵佳节交响音乐会，更是为广大市民带来了一场场高雅的视听盛宴。

（四）交流合作多方打造文化输出样本

"十二五"以来，湖南把文化"走出去"作为文化强省战略的重要方向，积极促进对外文化交流，湖湘文化在更宽广的国际舞台上初显身手、大放异彩。多年的发展与坚持改革，"演艺湘军"另辟蹊径，规范经营，追求特色，将目光放眼全球，积极开展"走出去"战略，逐渐形成了自己独特的发展方式。湖南演艺以集团组建为契机，积极寻求"走出去"战略，以杂技和歌舞为重点，积极参与境外演出，提升国际影响力，在海外建立了稳定的演出交流关系，每年全省组派出国（境）演出团队50多批，省杂技团、省昆剧团、省木偶皮影艺术剧院等文艺院团多次赴阿拉伯地区、土耳其、日本、法国、西班牙等国进行交流和商业演出。

湖南省杂技艺术剧院有限公司把体制改革与"走出去"战略结合，积极开展跨界合作，登陆海外主流剧场，2011年5月，带着重新编排的《芙蓉国里》部分节目，赴加拿大与具有70多年历史的专业交响乐团加拿大基奇纳交响乐团在多伦多与滑铁卢两地，联袂演出了4场高水准的杂技交响乐晚会，交响乐队与杂技互相配合，西方经典与东方文化相互融合，完美地展现了艺术家高超的技艺。2015年新春期间受文化部派遣，公司编排了精品杂技晚会参加了由省文化厅组织的赴意大利、葡萄牙"欢乐春节"海外演出活动，共演出15场，所到之处都刮起了一阵浓郁的中国风。自2013年起，湖南省杂技技术剧院有限责任公司在加拿大、美国等地进行三年巡回演出，年演出30至50场，更好地推动了湖湘文化和中华文明在全球的传播。

湖南歌舞剧院、湖南省民族乐团受文化部选派于2015年赴澳大利亚悉尼参加文化部"欢乐春节"活动，历时7天，在悉尼市音乐厅成功上演了"2015新春民族音乐会"及悉尼市中国农历新年大巡游，充分展示了我国民族音乐的艺术魅力，体现了中华文化的博大精深。2015年5月，湖南歌舞院赴德国参加"柏林亚太周"活动，为当地观众带来了一台独具潇湘底蕴中国风情的文艺演出。同年6月，赴意大利参加"湖南活动周"文化推介交流演出，湖南地域特色的民歌及独特的演唱方式，获得了国际友人的一致好评，为推介湖湘文化做出了积极的贡献。

随着湖南交响乐团的声名鹊起，2015 年以来，湖南交响乐团外事演出邀约频繁，开阔了眼界，传播了美誉。受邀参加釜山国际音乐节、举办"潇湘韵·中蒙情"蒙古国专场音乐会；交响乐团团长、首席指挥肖鸣还受聘美国犹他州立大学音乐学院客座教授和特聘艺术家。

而在民间，以剧场演出模式为主要经营内容的长沙众多歌厅，也顺势而行，积极"走出去"，创造了全国独有的"长沙歌厅现象"。领军品牌——琴岛演艺中心高调进军武汉、南昌开展跨地区尝试，取得了很大成功，在此基础上，他们还吸纳了更多国际、国内顶尖级艺术人才，联合现有演职人员，通过歌舞、杂技、相声小品等综合曲艺形式，每一天都能上演一场高格调、高技术的豪华视听盛宴。

二、审美疲劳遭遇发展瓶颈

品牌是一种无形资产，品牌建设是提升企业知名度和增强竞争力的有效手段，可是湖南省演艺业在品牌建设方面觉悟不够好，意识较差。所以湖南省演艺业虽然发展迅速，但是没有特别突出、能够在全国产生重大影响力的演艺机构或产品。

（一）创新能力不强，精品项目缺乏

1. 品牌意识不强，节目创新能力不足

品牌是一种无形资产，品牌建设是提升企业知名度和增强竞争力的有

效手段。高品质的演艺节目，严格的艺术标准是演艺产品取得成功和长期占领市场的王牌。例如世界名剧《猫》在世界任何地方演出，舞台服装、导演意图等都完全一样，对每场《猫》的演出质量都有监督，秉承达到原创水平的准则。但长沙演艺业的品牌建设意识较差，导致长沙演艺业虽然发展迅速，演艺市场红火，但缺乏原创，缺乏特色品牌，没有特别突出、能够在全国产生重大影响力的演艺机构或产品。许多演出团体不具备创作能力，以模仿他人作品支撑演出，而且部分企业往往看重短期效益，缺乏对演艺作品高标准、高品质的追求，精品力作与真正的演艺品牌太少，特别是缺乏长期公演的精品，更未能形成产业链提升品牌价值。

2. 节目品味不高，演艺内容趋向低俗化

作为人类精神文化产物的演艺事业，在从商品经济发展到市场经济的不断进步中，最终也要面向市场，从广泛的人民群众中获取经济和社会效益，用以促进和维护自身的发展，从而形成了演艺产业。但长沙部分经营者，在市场的激烈竞争和市场经济庞大的利润诱惑下，放弃了社会效益，一味地迎合受众，取悦受众，导致了以戏剧、音乐、舞蹈、杂技等为主要内容的演艺业趋向低俗化。尽管有关管理部门加强了监管力度，但是这种现象仍未完全杜绝。尤其是在演艺型酒吧，低俗化甚至恶俗化的节目仍有滋生的土壤。

3. 同质化严重，节目更新力度不足

调查显示，消费者的文化品位、文化档次和欣赏水平在快速地提升，消费者的眼光变得更加"挑剔"，口味更"刁"，但长沙歌厅自身提供的节目存在特色不明，质量不高，更新不快等问题，平均更换节目时间为半个月的仅为5%，一个月的为15%，两个月的达60%，三个月的为15%，甚至还有5%的节目半年才更换，节目翻新或者架构调整滞后，质量和服

务水平不能适应观众日益高涨的需求。另外，为了争夺市场和消费者，分散经营的歌厅往往"山头主义"思想严重，好的资源难以整合，好的经验难以学习推广，或者一旦出现什么好经验和好节目，大家便不计成本和不考虑自身实力一哄而上，如男声反串女声、搞笑东北二人转、电视新秀演出等，结果原本是叫好的节目，却变成每个歌厅如出一辙，毫无创新，缺乏个性。

（二）体制机制不活，市场营运乏力

很多演艺企业缺乏灵活的市场运作机制与市场营运活力，生存、发展困难重重。

1. 管理体制政出多门

在文化产业的许多领域，政府还没有实现从"办文化"的职能转向"管文化"的职能，过多地干预企业的经营管理，身兼裁判员和运动员的角色，既挫伤了文化企业的积极性，又容易导致经营者的依赖心理，使文化企业难以成为真正的市场主体和法人实体。另外，文化产业各管理部门之间普遍存在着条块、部门、行业和区域的分割，管理分散，使得文化企业在实践中感到难以适从，如歌厅文化产业，受工商局、文化局、公安局等多个部门的共同管理，这种分割的管理体制最大的弊端在于几个系统之间各自为战，难以形成合力。在进行文化管理方面，政府的调控手段单一，基本上就是依靠行政命令，通过发布命令、指示、规定、决议、条例等强制性约束手段直接干预文化产业的发展，忽视了法律手段和其他经济手段在文化管理中的作用，同时，执法机制也不健全。

2. 演艺单位转企改制乏力

随着经济的快速发展，文化生存和发展的经济基础、体制环境、社会条件和传播方式也随之发生变化。一方面，旧的文化体制改革正在缓慢进行，另一方面新的体制嫩芽早已破土而生，最近几年大量民营企业入住长沙酒吧、歌厅等行业，占有96%以上的市场份额，特别是长沙的歌厅基本上都是民营资本在经营。民营企业经营者可以随时把握市场的导向，根据市场需求改变歌厅的节目内容、整体风格、表演形式等，因此，长沙效益最好的歌厅都是由民营企业兴办的。湖南演艺界的"娱乐航母"——湖南红太阳演艺集团就是民营企业，它在国有剧院下滑亏损的情况下，逐步发展壮大，并盘活了几个国有剧场。由此可见，湖南省的民营演艺经济的快速增长与国有剧院的缓慢增长或停滞不前存在着明显的落差，说明湖南省国有演艺剧团的改革还比较滞后。

3. 现代企业制度尚未形成

现代企业制度的特征是产权清晰、权责明确、政企分开和管理科学。目前，我省大部分演艺剧团还没有按现代企业制度来管理和运营。虽然大多演艺剧团权责是明确的，基本上能区分和确定企业所有者、经营者和劳动者各自的权利和责任，但在实际运行中，并不能完全按照其出资额享受资产受益、重大决策和选择管理者的权利，有时候还存在政企不分的现象。特别是一些演艺集团成立时间不长，新的运行机制和管理制度还未建立健全，管理理念、管理手段、管理方式还较为落后，建立现代的质量管理、生产管理、供应管理、销售管理、研究开发管理、人事管理等制度并运行，还任重道远。

（四）专业人才匮乏，发展后劲不足

发展演艺业，人才是关键。长沙文化产业现有人才主要集中在广电、出版、报刊等一些强势产业中，演艺业经营管理人才和表演人才缺乏。如今的教育体制和培养模式，造成了人才的偏科发展，懂技术的不懂文化，懂文化的不懂经营，而演艺业这个行业是横跨经济、管理、文化和技术的综合门类，因此目前综合型演艺业人才紧缺，尤其是经营管理人才和表演专业人才。

1. 专业艺术人才严重缺乏

人才"断层"现象明显，后备人才、青年人才储备不足，现有人才的数量、结构和素质无法适应企业转型发展的要求。譬如湖南省杂技艺术剧院有限责任公司，因为杂技是一门挑战极限的肢体艺术，训练周期长，舞台生命短暂，在市场经济大潮的冲击下，年轻演员对于杂技艺术"低收入、高风险、无保障"表现得越来越排斥，导致一些优秀的、有潜质的艺术人才不断流失，目前已出现专业艺术人才青黄不接的尴尬局面，陷入了杂技艺术的发展瓶颈。由长沙锦绣潇湘产业园与湖南省杂技艺术剧院有限公司共同出资打造的大型梦幻杂技剧——《芙蓉国里》一经演出，就掀起了一番热潮。据该演出团队当时的负责人介绍："我们现在的情况是人人都上，人人都不敢有伤，要不然没人可以顶替。"

2. 文化经营管理人才缺乏

在文化产业中，文化经营者自身的品格和素质能够直接影响经营的成败，也能够影响为社会提供的文化产品的质量。文化产业的特殊性使得文化产业需要的人才也具有特殊性，既需要大量的艺术家，更需要熟谙市场经济与文化经营两门学科的文化经营者。特别是对于演艺产品而言，不仅需要专业的制作和表演团队，更需要专业的演艺复合型人才进行运营管理。长期的事业编制导致湖南演艺业内部缺乏懂得市场化运营管理的专业人才，不能面向市场、面向观众进行市场化运作，经营者中还存在知识面狭隘、年龄结构不合理、跨学科人才少、文化经营者观念滞后等问题，在实际工作中，他们仍以传统的文化管理手段来经营，知识更新慢，缺乏现代企业管理和资本运作方面的知识和实践经验，有能力跨省乃至跨越国际进行经营的人才匮乏，同时演出场馆和艺术生产团体也缺乏市场策划人才、演艺营销人才与复合型经营管理人才，文化经纪、经营人才的匮乏已成为制约长沙演艺产业发展的致命瓶颈。

三、供给创新促进品牌再造

（一）挖掘剧目内容价值，促进国际视域与湖湘文化相吻合，走特色化、品牌化发展之路

演艺业素来奉行的"内容为王，创意为先"的生存发展法则，近几年国外演艺品牌在国内热销不衰的例证也反复昭示这一点。英国原版原创音乐剧《剧院魅影》，自2015年11月至2016年1月10日，在北京连演64场，每场平均上座率高达95%以上，票房收入突破7000万。爱尔兰原创踢踏舞舞剧《大河之舞》，百老汇原创音乐剧《猫》及《妈妈咪呀》等也

曾在国内引发观剧热潮。国内演艺团体花高价引进创排的中文版《猫》及《战马》等，也在演艺市场上收获了不俗的观剧效益。

正所谓民族的才是世界的。发展演艺产业必须立足于民族文化，一个好的演艺产品，应该能充分反映本土文脉和当地独特的民族文化元素，完整地体现地方文明、反映地方特色，这样打造出来的产品才不至于沦为四海皆有的"百货"，才能得到市场和大众的认可。湖南作为文化大省，历史悠久，底蕴深厚，文化源远流长，因此，湖南发展演艺产业必须立足于湖湘文化，依托现代科技手段提升文化品质，赋予文化以新的内涵，推出具有湖湘特色的演艺精品。

1. 题材选择上要注重全球视野和本土认知的结合

将国际化和地方性有机地结合起来，既有国际化的时代潮流因素，更具地方特色，这不仅有助于拓宽演艺产品的市场，而且有助于演艺产业的发展。要把湖湘文化、红色圣地、伟人故里、民族风情、湘绣、皮影戏等独特的湘楚景观，及其孕育的独特的文化意蕴作为深度挖掘的作品素材；要努力提炼当今现实题材，深入生活、体味生活，从广大人民群众的劳动生活中获取创作的灵感，积极开发具有民族性、民俗性、大众性、娱乐性和世界性的演艺节目，创作出能让群众产生共鸣的原创艺术精品；要高度重视优秀剧目的创作挖掘，不断推陈出新，要深入群众、深入生活、深入市场，创作更多既符合艺术发展规律，又适应市场经济要求和群众文化生活需要的作品，把演艺产业作为宣扬湖湘文化、推介湖南的一个重要窗口。

2. 品牌提升上注重文化创意和技术创新同步进行

纵观整个近现代人类全球化的历程，全球化紧紧伴随着科技革命、信息技术发展的足迹。进入 21 世纪，网络化、数字化、信息化为全球化时代的文化消费注入了新的活力，使得跨区域之间的信息文化交流更为容易，影音、图文的生产、交换、传播和消费方式发生了质的改变，人们也乐于欣赏由高科技给文化消费带来的新的感官体验。因此，演艺产业发展要注重将演艺产业与现代科技、现代传媒实现有效结合。充分挖掘演艺资源，并通过现代化的灯光、舞美设计，使得文艺演出的舞台更加斑斓多彩，制造出有市场需求的演艺产品。

（二）把握艺术市场规律，实现经济效益与社会效益相统一，走集团化、规模化发展之路

文艺演出单位只有面向市场、面向受众，只有表现受众关注的事物并随着受众观赏兴趣的变化而调整，才能生产出畅销对路的演艺产品，才能在其基础上升华提高从而实现"两个效益"。只有实行规模化、集团化运营，在市场竞争中不断做大做强，才能最大限度地满足市场需求并赢得市场份额，才能在产品市场的不断扩大中强化演艺企业的原创能力和打造精品的能力。

1. 打造兼具艺术水准和商业价值的演艺产业品牌

湖南演艺产业要真正实现"领跑中部、蜚声全国、走向世界"，建设国内一流演艺企业和具有国际影响力的演艺品牌，推出精品剧节目至关重要。因此，要选择市场化的领域进行突破。目前，国内演出市场发展较快较好的是娱乐演出，演艺集团要瞄准年轻人群，不断创作优秀的作品，并尝试通过儿童剧或儿童乐园开拓亲子市场；要打造知名品牌，培育、打造一批重点剧节目，特别是与旅游区紧密结合，打造驻场的旅游演出，形成

优秀的演艺品牌。同时，实施"品牌拓展计划"，鼓励著名演艺企业输出品牌，以连锁经营等方式在全国推广；此外，整合现有各种艺术节等活动，通过市场化操作，打造能代表长沙城市形象的综合性艺术节。

2. 推动演艺产业集群的形成与发展

一是通过联合、兼并、重组等手段形成以文化集团为龙头，文化创新为载体的湖南演艺文化产业集群新格局。如以红太阳这样的大型文化集团为产业核心，带动省内其他相关娱乐文化产业的发展，形成优势互补、资源共享、结构合理的演艺文化产业集群。二是鼓励产业集聚和特色化经营。纽约百老汇、伦敦西区及上海安福路等国内外先进地区的实践已经证明，演艺产业具有空间集聚的规律，集聚区可以提供多样化、多层次的艺术样式、剧目和院团，为消费者提供了充分选择的空间，也营造了浓厚的区域艺术氛围。在进行城市规划和产业规划时，应该考虑这一规律，发挥政府和市场的双重作用，合理配置演艺场所，盘活演艺产业资源，鼓励产业集聚、规模经营和特色化服务。三是培育消费市场。通过政府出资邀请专业人士进学校和社区等，宣传普及文艺知识，提高公众的艺术素养；推行政府采购，避免政府直接操办演出活动，减少对市场的干预；厘清公共文化服务和市场行为的关系，杜绝或减少商业演出的赠票现象，使观众养成买票看演出的习惯。四是加速产业链的形成。鼓励演出设备研发与生产、艺术教育与培训、剧节目创作与营销、演出周边产品的开发等演艺产业相关行业的发展，加速形成产业链。

（三）拓展演艺传播渠道，推动演艺业与相关产业深度融合，走融合、协调发展之路

演艺产业作为高联动产业和无边界产业，与其相关支持产业和配套产业之间是既相互渗透又相互竞争，因此，推动文化与旅游、科技、金融深度融合，这既是演艺产业自身加快发展的内在要求，也是演艺产业外延拓展的重要体现。

1. 推动旅游业与演艺业共同发展

旅游是文化的载体，文化是旅游的灵魂，渗透在旅游产品开发、生产和营销的全过程，是旅游产品的核心构成。旅游本质上是游客在旅途中感悟文化差异的一个过程。当前，我国旅游市场基本都沦为走马观花式的观光游，演艺的加入不仅提高了旅游市场的文化深度，更拓展了旅游发展的空间，提升了旅游景区的文化形象。同时，旅游市场也为演艺发展创造了条件和环境，为演艺市场的发展找到了新的盈利模式，是演艺市场繁荣的重要动力，二者相辅相成。因此，我们在打造文化旅游的同时，应充分挖掘资源，填补旅游市场"晚上旅游"的市场空白，策划一些具有现代时尚，能够体现城市品位和国际接轨的演出项目，将演艺文化与旅游文化相结合，打造具有湖湘特色的旅游演艺品牌，以品牌带动演艺市场和旅游市场的繁荣发展。

2. 寻求演艺与各相关产业的优势互补

文化是灵魂，产业是载体，文化完全可以与各类产业进行渗透融合，形成优势互补。将演艺与教育、科技、旅游等结合起来，可以拓展演艺广

度和深度，拓宽演艺内容与形式，促进演艺产业的资源整合，形成集约化、规模化、连锁化的经营格局。如加强演艺与现代信息技术的融合，整合湖南演艺集团丰富的文化演艺资源和湖南有线集团优质的网络传输及用户资源，将湖南本土丰富的演艺节目通过湖南有线网络进行直播、轮播和点播，通过移动互联网进行微信推广及 App 的直播和点播服务，将湖南演艺文化覆盖到普通大众，既促进演艺产业的发展又带动效益的提升。加强演艺与教育的融合，演艺集团可与相关院校、基地签署战略联盟协议，共同组建"演艺人才"共享基地，实现资源共享、资源整合，在促进双方在文化教育、演艺等领域的社会服务水平与文化传承等方面起到积极作用，还能打造从剧本创作、演艺人才培训和供应、剧目演出到演出场地供给的全演艺产业链发展模式。

（四）注重演艺人才培养，倡导艺术人才和管理人才共发展，走创新化、专业化发展之路

人才是演艺产业兴衰成败的关键因素。通过各种办法、采取多种措施培养人才、吸引人才、用好人才，使更多的经营型人才涌现出来，这是演艺产业的希望所在，也是做大做强的关键所在。

1. 要打造名人效应

演艺产业是高知识含量的现代服务业，只有培养一批名家大家，才能提高吸引力、竞争力和影响力。不仅需要包装和宣传民间艺术家、地方艺术人才，更需要引进文化大腕、文化名人指导演艺产品的包装、策划、排演、宣传促销，形成名人效立，共同推动演艺文化资源的市场化。要培养、挖掘、包装、升华一批艺术专业人才和地方艺术名家，通过他们的创

作、演出及作品展示湖湘文化的魅力；积极引进名作家、名艺术家、名歌手、名导演，或与之合作开发演艺项目，在更大范围内配置人才。

2. 要注重人才培养

演艺事业是青春的事业，抓好演艺生产者后备军的培养，才能保持高质量演出的经久不衰。因此，多渠道培养演艺业人才，是推动长沙演艺业进一步发展的重要保障。一方面，让具有潜质的人才出省、出国学习深造，向其他省份、国家演艺业发展较为完善的地区学习经验，这样才能开阔眼界，站在全局的角度来把握长沙演艺业的发展，取长补短，开拓思维；另一方面，要加强各剧团与演艺院校的合作、对接，通过严格的入学考试，专业的培养深造，公正的选拔、淘汰制度，确保剧团演出的高质量并使这种高质量的演出后继有人。同时也要在各类艺术学院设立营销专业，培养演艺产品营销经纪人，逐步建立一支懂文化、善经营、通管理、精技术的复合型人才队伍。

3. 要制定人才政策

盘活用人机制，一些紧缺人才可以按需聘用；完善演艺业领域人才激励机制，允许有特殊才华、有突出贡献的人才以其管理、技术、品牌等参与收益分配；改革薪酬分配机制，遵循"多劳多得、优绩优酬"的原则，对有突出贡献的演员、管理人才给予丰厚的奖励，设立艺术人才发展基金，对有突出贡献的艺术家和拔尖人才，每月给予不同额度的补贴；为创作人员和演员提供采风和学习交流机会，不断提高艺术水平；同时，要创造良好的工作环境，从政策上、工作上、生活上等方面对人才关心、爱护，充分调动演艺业人才的积极性、创造性。

第四章　创造经典：升级湖南动漫产业品牌

　　动漫产业包含动漫图书、报刊、电影、电视、音像制品、舞台剧和基于现代信息传播技术手段的动漫新品种等动漫直接产品的开发、生产、出版、播出、演出和销售，以及与动漫形象有关的服装、玩具、电子游戏、主题公园等衍生品的生产经营。动漫产业是继 IT 产业后新的经济增长点，被誉为"坐在金山上的产业""会孵金蛋的天鹅"，是各国实施低碳经济政策着重发展的新型产业，是 21 世纪知识经济的核心产业。品牌是动漫产业核心竞争力的重要体现，拥有品牌的数量和质量标志着动漫产业发展的水平。动漫品牌就是以动画和漫画创造为基础，通过制造虚拟的现实，来满足观众展示自我的欲望，以达到动漫产品原型或延伸产品与公众消费者之间的互动、认同。品牌战略将成为动漫产业发展的必然，成为政府和企业一致认同的发展模式，在推动动漫产业发展、助力传统产业升级方面发挥了越来越显著的作用

　　湖南动漫游戏产业起步于 20 世纪 90 年代初，是国内发展动漫游戏产业较早的城市之一，有"中国原创动漫先行者"之称。市场上不仅拥有"宏猫蓝兔""山猫"等一批一线品牌，而且出现了其他一大批具有相当影响力的动漫精品。品牌授权得到相当大的重视，产业链愈加完善，与游戏等相关产业的跨界合作更加深入，新媒体在品牌建设和维护中效用明显。然而，自 2009 年开始，湖南动漫产业却从先前的全国"领跑者"转变为

"追赶者"，缺乏具有国际影响力的品牌，已有品牌竞争力不足。近两年，湖南动漫产业奋起直追，积极调整发展思路，坚持"精品"原创路线方针，寻求转型提质，不断提升品牌号召力，产业发展成效显著。

一、先人一步成就动漫湘军

　　湖南是我国动漫产业较为发达的城市。近几年，湖南动漫产业面对市场激烈的竞争环境，以全新的姿态，在内容创新、品牌打造、产业拓展等方面全新升级，全面打响品牌战，取得了突破性发展。随着湖南动漫行业规模的持续扩大，动漫企业发展迅速，涌现出了一批具有较强竞争力的优势品牌。截至2016年，湖南通过国家认定的动漫企业32家，其中重点动漫企业6家，占全国重点动漫企业数的14%。2015年，湖南共有动漫游戏企业280余家，涵盖动漫研发、制作、发行、动画工作室、教育培训机构、传媒机构、衍生品设计等，相关从业人员6万余人，年原创动漫生产能力可达到5万分钟，年创游戏作品超15部，衍生产品种类近18 000种。2010年至2015年，湖南动漫企业共创作动漫作品153部。2015相比2014年动漫游戏产值增长近40%。2016年全省通过国家动漫企业认证资质年审的企业达到34家，动漫游戏总收入超过140亿元，同比增长21.43%；上市运营的手游73款，同比增长72.6%；动漫图书销售达299.51万册，同比增长18.4%；动漫游戏及相关类知识产权申请数为960项，同比增长33%。2017年湖南省动漫游戏产业总体形势向好。全省动漫游戏及相关业务年度总产值突破275亿元，其中动漫及相关业务年度总产值突破165亿元；主板上市企业1家，创业板上市企业1家。全省上市运营的手游多达165款（取得运营版号），同比增长120%。全省动漫图书销售达3 795 800

册，同比增长 26%。全省动漫游戏及相关类知识产权申请数为 1 486 项，同比增长 55%。全年共完成电视动画 13 574 分钟，同比增长 7%。截至 2017 年底，全省从事动漫、游戏及相关业务的企业达 430 余家，动漫游戏工作室 130 余家，原创人员达 26 700 多人，企业专职工作者及相关从业人员总计 6.8 万余人，通过国家动漫企业认证资质年审的企业 34 家。

（一）立足原创精品路线，动漫品牌质量提升

山猫卡通在 2013、2014、2015 年连续三年被国家商务部、国家文化部、国家广电总局、国家新闻出版总署联合评定为"国家文化出口重点企业"，其制作的系列动画节目已经出口到美国、中东等 71 个国家和地区。2016 年湖南有 90 多家原创动漫企业，创作数量喜人。湖南永熙动漫有限公司推出的《战斗吧灵兽》、湖南漫联卡通有限公司制作的《虹猫蓝兔七侠传》等原创动漫品牌播出效果很好；湖南银河动漫传媒有限公司上半年推出的《玉麒麟》系列《玉麒麟故事会之中国好故事》104 集；伊点点公司自主原创漫画《缘生花》在有妖气、腾讯等各大平台的热载引来各地影视媒体争抢原著版权。

（二）新媒体动漫成为产业新增长点，产业品牌化发展初见成效

随着互联网的极速发展、智能手机的普及以及 4G 覆盖率的增加，手机网游进入快速发展阶段。在新媒体数字时代，以网络动漫和手机动漫为

代表的新媒体动漫已发展成为我国动漫产业新的增长点。湖南动漫产业适时推动了与新媒体的融合发展。蓝猫把目光投向数字内容产品更为广泛的应用空间，依靠数字媒体创新技术的研发带动，在以"网络化""互动性"为特征的新媒体领域再次跨出领先的一步。2014年蓝猫紧紧把握时代脉搏，在移动通信手机动漫、数字图形展览展示应用、增强现实、互联网网络动画、网络游戏、数字出版等新媒体领域和线下互动体验方面，进行了大胆的探索与实践，并初步构建以"互联网和移动终端两大新媒体平台为核心"的多屏节目播出渠道和线上线下互动的产业拓展渠道。通过与卓京信息的合作，蓝猫公司每年培养了数百位手游专业人才，同时也共同开发出数款以蓝猫形象为主打的手机游戏。全力打造"多屏"播放网络。金鹰卡通通过新媒体渠道创新拓展，粉丝互动在线峰值超10万。亲子交互娱乐手机应用App"快乐家"于2014年1月15日上线，绑定《疯狂的麦咭》《中国新声代》《同趣大调查》《七娃动漫剧场》等多个季播和常规栏目及剧场。目前装机用户总量达94万人，其中注册用户40万人，用户周活跃度大于70%，峰值同时在线人数超过10万人，被App Store生活类进行首页推荐，位列生活类免费榜第六位。近年来，浩丰公司根据动漫市场的发展状况，对经营的重点方向进行了调整，从原有的新媒体动漫产品开发调整到游戏开发领域，加大游戏开发的投入，增加了人力、物力，集中开展游戏产品的研发以及游戏运营渠道的拓展和建立。湖南欣之凯信息技术有限公司现已全面接入国内三大运营商手机动漫基地，已开发上线"欣动漫"手机App及动漫门户网站并独家运营发行手机动漫精品近百部，目前在湖南省乃至国内同行企业中手机动漫业务收入排名均属前茅。欣之凯公司具备深厚的手机运营商行业背景以及较强的手机动漫产品开发运营经验，在业务收入方面长期排名中国移动手机动漫基地逾千家合作伙伴中的前十位，并与福建、江西省移动公司合作运营地方特色动漫专区，是国内领先的新媒体动漫研发和运营公司。2016年湖南自主研发的手机游戏有超过 18 款已经上市发行、页游及手游的发行收入总额整体提升。

（三）走出去步伐加快，品牌影响力不断提升

湖南积极推动企业建立差异化竞争战略和"走出去"战略，积极开拓国际市场，品牌国际知名度的攀升，使对外文化贸易出口取得较大成绩。2014 年山猫传媒将中国特色的优秀文化元素注入原创动画节目中，制作了 108 集 1 350 分钟《山猫吉咪》品牌系列动画节目，通过美国洛杉矶英文频道、纽约中文频道等海外国家和地区播映。近年来，山猫传媒共创作了 12 200 分钟高品质原创动漫节目，在全国 600 家电视台频道播出，多部原创动画作品入选国家"丝绸之路影视桥工程"，由国家广电总局进行英语、法语等多语种的译配，在"一带一路"沿线国家和地区推广播出，原创《山猫吉咪》品牌列入"国家动漫品牌建设和保护计划"；3 000 种自主研发的"山猫吉咪"品牌衍生产品已出口 80 多个国家和地区，连续十二年经国家五部委联合评定为"国家文化出口重点企业""国家重点动漫企业"。2019 年山猫传媒成功与华为签约，在华为出口国际市场的 2 亿台手机系统中内置《山猫吉咪》系列原创动画作品，为华为覆盖 170 个国家的 2 亿多用户提供服务，让更多的海外动漫爱好者能便捷地欣赏到湖南原创动漫精品，进一步了解中国文化。拓维信息制作的《啪啪三国》自 2015 年 2 月在中国港澳台地区和韩国市场上线后，得到消费者认可，在中国港澳台地区和韩国地区的畅销榜排名保持前列。2015 年，天闻动漫、拓维信息分别在日本、韩国设立了分公司。湖南漫联卡通文化传媒有限公司近年来已成功打造了《疾风劲射》《笨狼和他的小伙伴》等动画作品，其原创动画节目出口 80 多个国家和地区，广受好评。随着湖南动漫的"走出去"，国内动漫产业模式的探索及快速引进欧美动漫产品的理念与国内动

漫产品高效结合对动漫业的发展产生深远的意义。

（四）金融助力动漫，引导产业品牌化发展道路

动漫品牌产业的发展离不开政府的大力支持。近年来，湖南出台了《关于加快湖南省文化创意产业发展的若干意见》《关于进一步鼓励互联网产业发展的若干意见》等系列政策文件，推动湖南动漫游戏产业的发展。金融机构积极主动对接湖南动漫企业，紧贴动漫企业的发展特点，创新了金融产品与服务方式。2014 年，湖南省文化旅游担保投资有限公司为湖南山猫卡通有限公司、湖南哆咪七彩影视文化传播有限公司、湖南锦绣神州影视文化传媒有限公司等动漫企业进行担保融资 2 550 万元。2016 年，湖南联盛网络科技股份有限公司在新三板成功挂牌，融资过亿元，是湖南首家新三板挂牌上市的游戏企业；湖南善禧文化的动漫 IP 吸引投资方超过1 000 万的融资；湖南草花互动网络科技有限公司估值达 6 亿元；奇葩互娱、天磊、趣动、炫鸟等游戏企业其产品和团队很受业界看好，相继拿到了 500 万元至 1 000 万元不等的投资资金。2018 年 3 月，山猫传媒于在新三板挂牌上市。

（五）多元融合发展，核心品牌增速加快

近年来，动漫产业与周边产业间的融合趋势渐趋明显，逐渐向"大动漫"发展。如动漫与教育科普、旅游、会展、广告等行业融合，拓展了动漫产业的发展空间。蓝猫动漫与上海美术电影制片厂、深圳宝安区签约合作，在动漫电影生产、动漫科技园建设领域发力；银河动漫全力打造玉麒

麟IP产业链，覆盖艺术素质教育培训连锁、主题公园、玉麒麟品牌游戏、综艺节目、舞台剧、主题餐厅等；渲一科技填补了湖南省动漫影视制作产业链中云端极速渲染服务的空白；华凯创意、善禧文化、华视坐标、欣之凯等代表企业跳出传统动漫生产模式，主攻品牌运营；同禾科技（原启能文化）与金鹰卡通合作，将麦咭品牌与旅游、体验相结合，打造的浔龙河艺术小镇成为湖南新的主题乐园。除此以外，动漫原创、服务外包、衍生品的开发、漫画出版等方面都有了大幅增长。九天星（湖南）文化传播有限公司的"中国戏曲经典原创动漫进校园活动"在湖南郴州、重庆、湖南赤岭等地学校成功举办，近6 000多名学生感受到了传统戏曲与动漫结合的魅力。金鹰卡通卫视频道全国第一家麦咭主题乐园餐厅2016年7月在郴州开园，其与常德江南国际商贸城合作建设影视拍摄中心；湖南锦绣神州的《锦绣神州之奇游迹》第三季和《锦绣神州之姓氏王国》第二季均已完成制作，同系列手游也相继推出；欣之凯重点打造自有动漫品牌伊特咪世界（Eatmee – World）、第五空间文学网（Fivesky. com. cn）两大新业务，其中伊特咪世界在2016年5月荣获湖南省文化创新创意大赛优秀项目奖，并携原创动画、漫画、插画、表情包及首批精品实体周边在"2016湖湘动漫月"正式发布。

（六）产业链条逐步完善，动漫游戏展会形成新品牌

展会行业是新兴产业中极富成长性的产业，是动漫产业链的重要一环，其周边带动效应非常明显。动漫游戏元素展会具有大众参与度较高、即时消费需求较旺的效应。2014年，由中国原创手机动漫游戏大赛而延伸出的中国（湖南）手机文化产业博览会在湖南举行。展会吸引了579家企业参会、200多名行业专家亲临观摩，发布了100多个应用。湖南省参展

的动漫游戏企业达 100 多家，省外的腾讯游戏、盛大网游等知名游戏企业也参展交流。这次动漫展会拉动了产业产值的提升，取得了良好的社会效应和经济效益。从 2014 年开始，"动漫游戏湖湘行活动"每年都如约举行。大型动漫人偶秀、金鹰卡通主持人见面会、彩绘大赛、怀旧连环画赠送活动以及与动漫相关的云游戏、创意集市等在"动漫游戏湖湘行"活动中受到追捧与欢迎。近年来，湖南动漫企业也积极参展了一年一度的"深圳国际品牌授权展览会"及"中国国际动漫授权产业高峰论坛"。湖南动漫的亮相再次引起了近千家企业和 3 万多名代表对其的高度关注，湖南也向全国各地的顶尖动漫企业及精英人才发出"动漫湘军，又回来了"强烈的集结信号。2016 年，湖南省委宣传部、省文化厅联合主办的，以"全民动漫，欢乐潇湘"为主题的动漫游戏盛会华丽开篇。在 16 500 平方米的展示区内，咪咕动漫、知音漫客、奥飞动漫等国内知名动漫品牌纷纷入驻。之后，湖南动漫行业通过三年左右的培育，把"湖湘动漫月"培育成了全国知名的强势展会，成为有影响力、有竞争力和高美誉度的展会品牌。

二、不进则退追兵渐行渐近

湖南动漫品牌在快速发展的同时，也不可忽视品牌发展中存在的问题。如，动漫产品质量、原创能力有待提高，缺乏大规模、高水平、产业链完整的龙头企业，以及动漫企业全产业链开发不够等。

（一）动漫产业链不健全，品牌塑造乏力

价值链的构建和动漫产业品牌的塑造密不可分，动漫产业品牌的持续发展离不开完整的产业链的支撑，一条合理的产业链能更加充分地整合文化资源，为动漫产业品牌提供更为广阔的发展空间。应建立完整的产业链条，借助一系列积极的因素来驱动品牌的塑造。作为集资金、科技、智力、劳动密集于一体的现代文化创意产业，动漫产业以创意为动力，以动漫文化为基础，以版权、形象权为核心盈利模式，以动画、漫画、游戏为内容主体，以电影、电视、出版、音像、电玩、网络、移动通信增值服务及衍生产品为载体，具有强大的衍生性。动漫产业的盈利和收入不仅来自动漫内容制作（动画片、动画电影等），还来自衍生工具（卡通玩具、动漫服装、主题公园等）。理想的动漫全产业链发展模式中，40%的利润来自诞生之初的漫画或动画作品，60%的利润则来自源源不断的衍生品开发。国外动漫产业产业链清晰，杂志连载漫画—选择反馈好的发行单行本—改编为动画、动漫电影—制作衍生品—改编开发游戏，从创意到生产、销售和衍生品的开发，形成一条完整的产业链，确保其动漫产业在高风险的较长生产周期中获得稳定收益。如《功夫熊猫》，前期用了七年的时间，一点一滴地接触市场，接连不断地寻求曝光机会，最终形成了市场期待，之后无论是搬上大银幕还是衍生品开发都比较顺利。湖南动漫逐步向专业化、标准化、规模化的方向迈进，对衍生产品的开发也开始重视和投入精力，这些都是好的现象。但湖南动漫在"动画制作""电视播出"及其"衍生品"三个环节分散运营，设计、制作、宣传、发行，各个阶段割裂，致使动漫市场的盈利模式难以有效建立起来。特别是湖南动漫从多年以来到现在，产业一直存在的症结是，直接跳过了作为基础的漫画阶

段，把电视动画置于第一阶段，而低成本、低风险的期刊图书出版却置于第二阶段。

出版矛盾和制播矛盾也使湖南动漫产业链不能有效建立。出版矛盾导致出版与播出出现产业链倒置现象。动漫企业必须购买书号才能出版，但一方面出版社的书号数量和审稿速度跟不上生产的需求，另一方面多数的动漫企业拿不到足够的版号，版号费用也增加了企业的成本。制播矛盾也导致了产业链的不健全。电视台收购动漫的价格远远低于动画制作成本。据2013年相关数据显示，电视台实际购买价格每分钟只有几百元，而稍高质量的电脑动画制作成本每分钟要几千元至上万元不等。企业靠出售播映权收回成本是不可能的。尽管类似于山猫、锦绣神州、宏梦等公司，其产品已经有较高知名度，可以用产品换取相应的广告时间段，但因广告受众群体有限，广告收入并不能完全补足亏损。对于大多数动画创作和制作单位而言，由于还没有建立品牌，连换取广告时间段的可能性都没有，原创企业很难对产品开发进行持续投资，生存较为困难。动漫产品如果没有出镜率，没有知名度，开发衍生产品也难以有良好收益。因此，一些动漫企业退出市场，或转变为承接国外订单的制作加工企业。

（二）人才瓶颈突出，品牌经济发展有待增强支撑

在文化产业发展迅速的今天，各大动漫游戏企业都渴望得到高端的动漫创意人才。高端动漫人才，不仅要有技术，还要拥有判断市场的眼光和独立策划的创意力，是集合了多种能力于一身的应用型人才。湖南动漫游戏产业从业人员结构呈现"中间大两头小"的特点，制作人员多，创意人才、营销人才等高端人才稀缺。尤其是既熟悉生产技术、擅长原创，又善于经营管理的复合型人才，是湖南动漫产业竞争力提升的"瓶颈"因素。

动漫人才培养问题已严重制约着产业的发展。动漫人才培养的结构与市场脱节，是造成动漫游戏产业人才结构性不足的主要原因。动漫人才培养有其规律性，一般需要 7～10 年，不能拔苗助长，除了大学教育外，在高中阶段的兴趣培养和工作后的岗位技能训练同样重要，不能只局限于素描、色彩、造型等专业技能，更要有人文、市场经营等综合素质的培养。动漫的新技术不断地出现，紧密地与信息化连接起来，在当前的产业发展大背景下，尤其需要加快解决复合型、外向型、创新型的高层次动漫人才如何培养的问题。动漫产业发展迅猛，而设有动漫专业的现有的湖南动漫培训机构和多数高等院校师资、教材、设备等基础建设相对滞后，培养机制单一，难以满足市场要求，只重视动漫产业制作环节的绘画和电脑制作等低端技能型人才的培养，培养的毕业生，大部分停留在理论学习和软件培训的层面上，原创能力很低。这样的毕业生进入企业，还需要再次培训，目前 90% 的动漫专业毕业生在 5 年内转行，造成了相当多的人才浪费。有的院校只是学历教育，毕业生根本无法到动漫企业就业。高校与企业，高校与高校，高校与政府的合作育人机制不够完善。动漫人才的培养应十分注重教学和产业的结合，应有一定比例以上的老师来自产业一线。学界和业界的联动是动漫人才培养的方向，学界不要回避业界的"商业气息"，企业不要把学生当作"廉价劳动力"，应把业界的探索拿到教学课堂，碰撞思想火花，激发创新性和想象力，实现良性循环。目前，湖南动漫专业的有些学生具有知识结构上的优势，却得不到进入企业实训的机会，使高端人才没有实践学习的平台。

（三）市场定位不清晰，品牌撒网式授权利大于弊

企业品牌意识不够强，市场营销定位缺乏正确的思路，也是湖南动漫

品牌落后的重要原因。品牌是动漫企业的灵魂。对动漫企业品牌来讲，动漫企业品牌比较重视的是其原创的动漫产品的可持续发展以及品牌形象的多方面注入，与企业发展的要求一样，动漫企业品牌要从产品、质量、文化等方面全面打造，才能在市场上有发展空间。迪士尼、世纪华纳、梦工厂、吉卜力等世界著名的动漫企业品牌，他们获得广大消费者对自身动漫品牌的好感，就是通过各种渠道使其动漫产品与消费者互动实现的，这对动漫企业构筑自身深层的品牌内涵也有重要意义。撒网式品牌授权是湖南比较常见动漫品牌营销模式，这种模式不利于品牌的塑造及运营。以三辰集团的蓝猫品牌为例，在 1999 中国动漫发展的低谷期，三辰卡通集团有限公司投资建设湖南动画制作基地，创作了一部大型原创的系列科普动画片《蓝猫淘气 3000 问》（以下简称《蓝猫》），该动画以知识科普为核心创意，以科普、教育为动画创作的主要内容，多元延伸，从此在国内动漫产业开启了一片新天地。集动画、漫画、网络、延伸产品于一身的"蓝猫旋风"迅速席卷了中国大地。和以往国产动画不同的是，蓝猫并没有将自己的目光停留在产品生产和信息传播阶段，而是通过不间断的媒体播放在消费者心中塑造强烈的品牌形象，积累品牌资产，然后通过品牌授权等方式进行产品的品牌延伸，再通过消费者反馈调整品牌战略，进一步完善品牌建设道路，如此循环往复，蓝猫一步步优化了品牌形象和品牌资产。然而，冲锋式的市场扩张和撒网式的品牌授权带来了相应的副作用。由于品牌过于快速延伸，过多重视产品的品类和扩张的速度，造成市场价格混乱和企业精力分散，无法实现高端发展的战略。消费者看不到"蓝猫"的明星产品，看不到品牌内涵，反而产生一种"蓝猫"品牌不在乎自己的声誉而乱贴牌的感觉。在"蓝猫模式"迅速扩展的同时，"蓝猫"品牌开始遭遇一场国内空前的盗版风暴。随着产品的热销与品牌知名度的提高，"蓝猫"遭遇"假猫"，备受侵扰。

另外，湖南动漫品牌在国际上还处于劣势。放眼全球来看，西方文化处于强势地位，中国虽有古老的文明、深厚的文化底蕴，但在全球文化面前，并没有优势。湖南在国际市场上具有显著影响力和竞争力的知名品牌屈指可数。品牌培育和发展的政策法规环境还不健全也阻碍了湖南动漫品牌发展。其中最关键的一点是对知识产权的保护力度不足，侵权、冒牌产品屡禁不止。市场上到处可见盗版的动漫图书、影碟。而衍生品的盗版更是直接危害了整个动漫业的健康发展。地摊上随处可见的蓝猫、宏兔等玩具，大都都是没有经过授权的。

三、创造经典推进二次腾飞

在商品日趋同质化的今天，消费者很难凭简单的等值观念做出选择。这时候，品牌的效应和重要性日益彰显。打造协同发展的全产业链，提升品牌竞争力；加快培育动漫跨国公司，打造形成一大批具有自主知识产权、质量竞争力强、附加值高的动漫拳头品牌，是湖南动漫品牌发展的迫切需要。

（一）打造协同发展的全产业链，提升动漫品牌竞争力

确保动漫产业品牌的持续发展，必须实现湖南动漫产业链的延伸，要形成以创意为王，以设计为核心，以衍生品生产制造为主导，以电视、网络、手机等各种传媒平台为基础的完善的动漫产业链。衍生产品的开发是动漫获利的主流，为此，一是在资金有限、出版业落后的情况下，充分利用现代传媒和沟通渠道，整合湖南已有的发达的制造业资源，以动漫形象

提升其品牌价值，以精美的动画片进行广泛传播，实现衍生产品的轮次开发和深度开发。二是让动漫为衍生品服务。即以衍生产品的需求来设计和安排动漫形象、动漫剧情。确立动画的主题，围绕这个主题进行突出、渲染、演绎和艺术加工。而后通过动漫形象的市场预热，让市场充分熟悉、认可乃至接纳这一动漫形象。当市场的敏感神经被充分调动起来，需求效应最大化时，根据这一动漫形象所制作的动画片千呼万唤始出来，满足广大观众的好奇心和胃口，降低直接制作动画片投放市场的风险性。加强动漫衍生产品深度和广度的开发。随着文化科技的日益发展，全国范围内的动漫产品都呈现出迅猛增长的发展趋势，为了突出竞争优势，各企业必须大力实施开发衍生产品的战略。湖南动漫企业在开发衍生产品时可以借鉴广州"奥飞模式"，但同时必须加强自主创新能力，根据动漫产业品牌的内容和市场需求，开发出科技含量高、产品质量好的动漫衍生产品。切忌盲目模仿其他公司产品，并需注意自身开发衍生产品知识产权的保护。三是形成具有湖南特色的动漫游戏产业同盟。动漫产业涉及的行业众多，产业链复杂，如果不能及时交流信息，并在需要的时候结成联盟，动漫产业就不能形成整体优势，在激烈的国际竞争中迅速发展。湖南中小型动漫企业实力偏弱，他们的机遇要建立在共有资源和与动漫相关的产业链的合作上，以战略联盟的方式实现产业融合会带来新的机遇。诸如漫画工作室、印刷出版企业、图书发行企业、电视台、杂志社等机构，也需要建立战略联盟来实现融合，这样各企业机构界限清楚，不但有各自的工作目标，还有完善的合作机制。小规模的漫画、动画制作室则可以与大公司实现资助合作，优势互补。四是要加强动漫衍生产业的品牌运营。从产业链条上来看，动漫产业完整的产业链应是从漫画出版到动画制作，再到媒体推广、游戏开发及衍生产品生产。要形成这样一条完整的产业链，动漫企业一方面可以拓展业务范围，在品牌内部形成相对完善的产业链，如根据动画打造的"方特"儿童主题公园和盛泰传媒推出的"哆乐巴巴"主题餐厅。另一方面也可以寻求与其他类型的动漫产业品牌合作，完善彼此的产业链条，共同推动动漫产业品牌向前发展。

（二）创新动漫内容，扩大动漫产业品牌消费力

动漫品牌以动画和漫画创造为基础，通过制造虚拟的现实，来满足观众展示自我的欲望。动漫产品品牌的塑造更为关注的是否能满足并实现消费者的基本人性需求的原型。动漫产品品牌要能够直接对消费者内心深处说话，并唤起他们对品牌的认同，深化品牌对他们的意义。优秀的动漫产品品牌是通过引入适当的原型内涵，将消费者最深层的动机和产品的意义连接起来，让原型意象所发出的讯息满足人们的基本欲望与动机。在一个幻想和神话的理想世界中，动漫品牌提供了某种中介功能，让某个需求与该需求的满足产生联系。因此，动漫产品的开发制作必须要面向市场、面向消费者。无论是动漫产品品牌、动漫延伸产品品牌还是动漫个人品牌，都可以最终寻找到源头即动漫作品和动漫原型在人们心中留下的深刻印象，这种深刻的印象转化成一种品牌力，动漫品牌深层的内涵和灵魂通过注入幻想和神话原型来完成，是将蕴涵在人们心中的真善美发掘出来，并转化成巨大的商业利益。

当前湖南动漫作品多以儿童为主要受众群体，多以童话、神话为主要题材，从而严重制约了动漫产业品牌的发展。要促进动漫产业品牌的发展壮大，必须实现品牌受众群体的广泛化。首先，要扩大动漫产业品牌的内容范围，从现实生活出发，在校园生活、职场生活、家庭生活和情感生活中获取创作元素，提高动漫作品的编剧创作能力，以富有浓厚生活气息的动漫精品来赢取受众。另外要从优秀的传统文化资源中挖掘素材，创作出兼有地方文化特色和现代文化气息的动漫作品，以扩大受众规模。其次，

要扩大动漫产业品牌的题材范围，打破现有的以童话、神话为主的动漫创作题材，多融入情感、励志、幽默等元素，以吸引青少年这一动漫消费主群体。另外还需树立"大动漫产业观"，除娱乐动漫之外积极发展应用动漫，注重动漫游戏的社会推广功能，扩大动漫企业在教育科普、医疗卫生、工程建筑、企业宣传等方面的业务范围。此外，还要扩大动漫产业品牌的推广范围，除传统的电影电视推广之外，还需关注新媒体在动漫产业品牌推广中的重要作用。由于网络技术的进步和新媒体终端的普及，越来越多的用户倾向于在多个屏幕、地点和时段完成对动漫产品的消费，因此需要重点培育新媒体动漫，实现动漫品牌内容的跨平台共享。

（三）探索多元化的盈利模式，提升品牌影响力

基于互联网和移动无线网络两种介质进行传播的新媒体动漫时代已经到来，在未来它将会左右动漫产业发展的整体趋势，成为动漫发展的主力军。过去电视、院线是动漫作品的主要播出平台，最近几年随着网络视频的发展，使动漫在新媒体上迎来了新的机会。从互联网以及移动互联网的传播方面来讲，漫画从纸质的传播方式发展成现在的以手机、iPad 等载体传播。动画片从传统的电视播出，也增加了新媒体的传播，给内容更多的机会，降低了进入门槛，给更多创业公司发展机会。据中国互联网络信息中心（CNNIC）发布的第 43 次《中国互联网络发展状况统计报告》，截至2018 年 12 月，我国网民规模达 8.29 亿，全年新增网民 5653 万，互联网普及率为 59.6%，较 2017 年提升 3.8 个百分点。

未来媒体的发展趋势是互动性很强，它不再是简单的内容单一的生产。它的传播性会更广，尤其与游戏等融合之后，会出现各种互动性的玩法。湖南动漫积极推动动漫产业跨越融合发展，充实动漫品牌内涵。一是

以数码动画基础为突破口，以计算机及网络为基础，推动了新媒体动漫品牌的发展。借力"互联网＋"，实现传播载体的新拓展；结合 AR、VR 等新科技，实现产业的叠加和升级。二是要倡导与其他产业融合发展的"大动漫"理念。倡导动漫作为精神产品以及民生产品的理念，使动漫与民生经济，甚至与高科技、应用、医疗挂钩，破除传统的是娱乐、精神产品、文化产品的"狭隘动漫"的思想壁垒，丰富动漫品牌的意义。三是开发和拓展培育品牌的平台。要想发展动漫产业，打造动漫品牌最主要的就是开发和拓展培育动漫品牌的平台，公共技术服务平台、投融资平台、行业服务平台、媒体播出平台、运营平台、节会展示平台、衍生产品销售和展示平台、人才培养平台，应努力加强这些平台的建设，创立优秀动漫创意项目扶持专项资金，重点扶植动漫产业基地、动漫龙头企业、动漫产业和产品品牌以及动漫产业出口和创新。

（四）打造和构建动漫产业基地（园区），创新品牌集聚发展模式

在动漫行业市场中，单一的动漫产业品牌难以承载国内外的市场竞争压力，由动漫品牌发达城市的建设经验可知，建设"园区式"的聚集式是动漫产业品牌集群化有效路径。目前，湖南动漫行业发展过程中已基本形成了以湖南高新区国家动漫游戏产业振兴基地和湖南动漫游戏产业园为代表的动漫产业园区，动漫产业品牌集群式发展初显规模，但仍需进一步优化和整合。应充分利用湖南现有的资源优势，以长株潭动漫产业基地为核心，进一步发挥创意产业园区在动漫产业品牌聚集发展中的作用。动漫产业基地（园区）集研发创新、创意设计、生产贸易、品牌营销为一体。园

区发展坚持以动漫企业为主体，充分发挥企业的积极性与主动性，全面增强企业的品牌意识，将品牌战略贯彻在设计、开发、生产制造、销售服务各个环节中，不断增强企业的发展能力。政府应该更关注行业分工和协作，促进互补，而不应停留于类似"房租免除"或者"对于在电视台播出的动画片予以奖励"这样的优惠政策。这些优惠政策虽然可以解决一些企业短期内的实际问题，但文化市场的建设和产业链的形成是一个长期的过程，需要更多制度性、长期性的措施加以保护。政府应加强园区动漫产业发展的品牌意识，积极运用宏观调控手段，在财税、投融资、资产与土地、招商引资、人才培养政策等方面支持动漫产业发展，推动动漫产业的品牌建设与保护，为动漫产业品牌的发展提供良好的政策环境。可在园区建立第三方知识产权专业管理机构，在形成动漫产业链的时候，由第三方知识产权专业管理机构与动漫创作企业和个人签订一揽子的知识产权代理合同，由该专业机构代理动漫创作企业和个人进行知识产权交易活动。通过专业知识产权管理机构的有效管理，帮助动漫创作企业及个人管理和运营动漫产业品牌相关的知识产权权利。同时，通过集聚，引导企业遵循市场规律，促进合理分工和产业互补，避免同质化品牌竞争，实现差异化品牌发展，以保持产业的地域聚集效应。纵观全国各地的动漫产业集聚区域，在政策资源、企业集群、品牌影响等方面各有优势，如何抓住所在区域的核心优势，建立差异化的品牌核心竞争力是湖南省动漫产业的当务之急。

第五章　提质升级：培育湖南休闲产业品牌

　　马克思曾经指出，只有社会中人的自由时间（休闲）与必要时间（工作）从对立走向统一时，社会才是理想社会。这种休闲与工作时间统一的重要前提就是社会得到较大的进步，人们生存发展的基本需求已经得到满足，有质量的生活成为人们的追求。党的十九大指出，当前我国社会的主要矛盾已经转变为人民日益增长的美好生活需要和不平衡不充分的发展之间的矛盾，美好生活已经成为新的追求。统计显示，2018 年，我国经济总量稳居全球第二，人均 GDP 为9 462美元，居全球第 9 位。较快的发展速度、较高的发展水平使得我国人民有了追求美好生活的条件，生活在以麓山湘江为伴，长株潭两型社会实验区的长沙居民，长期以来更是注重生活品质，讲究休闲娱乐，长沙也因此而享有"快乐之都"等称号，并打造出社会效益和经济效益相统一的休闲产业，足浴、酒吧 KTV、农家乐、健康养身等产业总量规模不断壮大、品牌影响越来越广，休闲已经成为一张靓丽的"长沙名片"。

一、多点支撑创造娱乐之都

早在 2006 年，《长沙市国民经济和社会发展第十一个五年规划纲要》就明确提出要突出打造"文化休闲"品牌，在战略愿景上提出要把长沙打造成我国中部休闲娱乐文化之都，明确要依托颇具特色的休闲娱乐业基础，通过 5~10 年的努力，建立起功能定位准确、产业布局合理、知识和技术含量高、对相关产业带动作用明显的大休闲产业。按照"一张蓝图干到底，一个梦想坚持到底"的发展思路，《长沙市国民经济和社会发展第十二个五年规划纲要》对长沙的休闲娱乐产业做了进一步的部署，明确提出要将长沙打造为国际文化娱乐之都。时代发展至今，在休闲产业已经成为地方品牌的前提下，《长沙市国民经济和社会发展第十三个五年规划纲要》顺势提出要打造"国家创新创意中心"，要实现"民生更爽"，这无疑对休闲产业品牌发展提出了新的更高要求。在这种战略目标的引领下、战略路径的推动下，各类休闲产业的发展势头加快，长沙娱乐之都的建设氛围更趋浓厚。

（一）规模发展长沙休闲产业气候已成

休闲娱乐不是简单的、低俗的享乐，而是对生活品质的一种追求，在物质生活极其丰富的今天，休闲娱乐产业发展不再是"小打小闹"的个体行为，而是可以规模化、标准化、产业化的市场行为。在推进休闲产业发展的历史进程中，连锁经营、集团发展等成为投资主体的重要选择，由此也带动了整个行业的规模发展。

1. 城市休闲品牌化浓厚了行业发展氛围

在长沙，休闲不仅是一种民众茶余饭后的活动，同时也是政府关注民生，促进发展的一种战略，打造休闲品牌更是被融入城市整体发展战略当中，成为指引长沙前进，实现发展惠民的价值体现，由此也带动了城市休闲品牌的形成。2006 年后，长沙连续被评为最具幸福感城市，这种幸福感评价中，长沙人的休闲时间排在贵阳、海口、广州、杭州、拉萨、成都、重庆、太原、福州之后，即使将评选对象扩大到地级市，竞争对手进一步增多，长沙的休闲品牌依然排在前列，截止到 2019 年，长沙连续 12 年被评为"中国最具幸福感城市"。此外，长沙还获得过全国民生改善十佳典范城市、中国十佳休闲宜居生态城市、十大节庆城市等荣誉称号，这种城市荣誉就是长沙打造休闲产业品牌最好的代言人。

2. 休闲产业规模化增添了行业发展动能

要把一个城市打造成娱乐之都，除城市本身独特的文化内涵外，还需要有大量的实体产业作为支撑，只有有上规模、有品牌的、产业繁荣的娱乐市场，才能形成持续发展的动力，娱乐之都才有支撑。因把握了良好的发展机遇与市场环境，长沙休闲产业总量规模稳步扩张。2013 年，长沙文化休闲娱乐服务业增加值突破 20 亿元大关，长沙成为全省唯一一个突破 20 亿元大关的市州。到 2017 年，除了张家界和湘西自治州外，全省其他市州文化休闲娱乐服务业总量规模均已突破 10 亿元大关，且部分市州文化休闲娱乐服务业占文化产业增加值的比重大幅度提升。在国内文化创意产业加快发展，文化市场空间不断扩容的现实背景下，可以预计这一产业将迎来发展的春天。除文化休闲娱乐外，长沙还有农家乐、足浴休闲等休闲产业，康体休闲等新兴业态发展势头良好，整个行业的规模将进一步壮大。

表 5-1　长沙文化休闲娱乐服务与省内市州比较

单位：万元；%

区域	2013 年		2014 年		2017 年	
	增加值	占文化产业增加值比重	增加值	占文化产业增加值比重	增加值	占文化产业增加值比重
长沙	256 469	4.30	151 598	2.20	273 822	3.03
株洲	61 425	4.48	93 755	6.17	248 862	13.85
湘潭	51 884	10.63	107 616	18.52	189 234	18.84
衡阳	93 816	7.76	184 719	20.12	578 304	43.97
邵阳	37 760	8.58	58 269	10.26	108 927	13.89
岳阳	12 8079	10.98	132 802	10.39	329 632	21.35
常德	119 684	19.56	140 310	20.42	389 257	27.91
张家界	22 448	27.11	27 417	25.02	88 178	42.77
益阳	98 886	22.01	119 088	22.63	249 309	32.12
郴州	68 955	8.27	90 140	8.87	220 890	19.07
永州	55 879	21.64	68 873	23.04	165 157	25.00
怀化	36 563	13.71	47 552	16.78	139 691	23.08
娄底	42 611	16.96	43 233	14.09	142 746	23.05
湘西自治州	55 101	38.54	55 824	35.82	90 183	39.21

资料来源：2015、2018 年湖南文化和创意产业发展统计概况

3. 消费人群大众化拓宽了行业发展市场

休闲娱乐是经济社会发展到一定阶段的产物，只有居民收入达到一定的水平，可支配收入总量除能够满足"衣食住行"等基本需求外还有较大的结余，休闲才能成为一种常态化生活方式，才能带动相关产业的发展。从长沙居民的支出结构来看，教育、文化娱乐和服务支出在人均消费支出中规模最大，且增速不断加快，2000—2017 年，该项支出年均增速为

11.15%，同期人均消费性支出年均增速为9.82%；2014—2017年，教育、文化娱乐、服务支出及人均消费性支出平均增速为18.76%、8.96%。实际上，随着收入的增加，家庭娱乐支出可能出现跨越式增长，统计显示，2017年，城市居民家庭中，按人均月可支配收入比例分组，长沙低收入户、中低收入户、中等收入户、中高收入户、高收入户文化娱乐支出分别为3 771.95、5 456.95、6 514.83、7 064.17、10 165.78元，高收入户家庭文化娱乐支出是低收入家庭的2.7倍，且从分布来看，低收入与中低收入之间，中高收入与高收入之间均存在突破性的跳跃，这表明文化娱乐支出会随着居民收入的增加而增加，且收入达到一定规模时，这种支出增长会呈现出加速推进的态势，进而带动行业发展。

表5-2　长沙居民消费性支出情况

单位：元

年份	人均消费性支出	医疗保健支出	教育、文化娱乐、服务支出	杂项商品与服务支出
2000	7 050.55	265.72	1 057.01	267.11
2005	9 659.85	788.21	1 685.7	311.78
2006	10 679.74	867.24	1 794.97	323.27
2007	12 287.83	973.67	1 739.61	305.83
2008	12 960	1 166.2	1 450.07	330.38
2 009	15 447.36	1 096.78	1 870.6	338.19
2010	16 562.95	981.47	2 101.3	469.57
2011	18 069.1	943.05	2 410.48	485.55
2012	19 639.08	882	2 669.97	641.46
2013	22 346.17	1 255.07	2 498.87	405.02
2014	26 778.55	1 610.42	3 807.73	547
2015	29 753	1 535.47	5 178.85	513.55
2016	31 825.56	1 983.73	5 739.09	577.5
2017	34 644.74	2 265.91	6 378.19	707.93

资料来源：《长沙市统计年鉴（2001—2018）》

（二）传承发展湖南休闲产业的品牌众多

在休闲产业发展进程中，湖南一直注重品牌的打造，酒吧KTV、足浴休闲、农家乐、康体健身已经成为湖南休闲产业的品牌代言人，成为湖南休闲产业最耀眼的明星。

1. 酒吧KTV品牌影响持续保持

20世纪90年代开始长沙的迪斯科就了成为年轻人的好去处，甚至于农村地区都有迪斯科的舞台，卖着门票、喝着散装啤酒、舞池中还有人领舞的迪斯科开始在群众心中洒下了酒吧消费的种子，但这种粗放式的发展方式持续时间并不长。随着行业发展，西方的酒吧经营模式、内容快速引入，到90年代末，可可清吧、玛格丽特将"洋酒"引入了长沙酒吧，长沙也由此开启了"洋酒"时代，提质升级成为酒吧KTV行业发展的导向，"地域"品牌加快形成。在品牌发展的历史进程中，集聚发展成为一种重要的导向，21世纪初，解放西路酒吧开始了自己"炫目"的表演，金色年华演艺中心、魅力四射酒吧红极一时，其中魅力四射酒吧如今依然活跃在长沙舞台，2004—2008年鼎盛时期，解放西路酒吧一条街达到了40家的规模，"音乐＋洋酒＋美女"造就了长沙动感、时尚、火爆、娱乐的酒吧休闲文化，KTV渐成长沙娱乐业的"蓝筹股"。时代发展至今，酒吧KTV品牌化发展的路径进一步拓宽，节会等新模式成为提升长沙品牌影响力的新路径，湖南（长沙）酒吧文化节、天心国际啤酒节等节庆活动影响较大，长沙酒吧文化品牌在发展中实现品牌影响力的稳步拓展。

表 5-3　近年来我国酒吧行业发展情况

年份	2010	2011	2012	2013	2014	2015	2016	2017
酒吧数量（万家）	2.82	3.12	3.47	3.87	4.35	4.87	5.49	5.96
市场规模（亿元）	98.7	137.3	173.5	212.9	261	311.7	369	440.6

资料来源：智研咨询《2018—2024 年中国酒吧连锁市场深度调研与投资前景研究报告》

2. 足浴休闲品牌扩张成效明显

据美团大众点评研究院 2016 年 3 月发布的《中国健康养生大数据报告》数据资料显示，长沙足疗店有约 2150 家，长沙人在健康养生上的花费达到人均 271 元，明显高出武汉 211 元的平均水平，表明行业总量规模大，长沙人乐于在足浴等行业消费。从品牌发展来看，足浴行业部分企业发展态势良好，如颐而康获得"湖南省著名商标"，该企业成立于 1997年，拥有 80 多家大型直营门店、营业面积达十多万平方米，获得的荣誉达200 多项。在 2015 年，该企业曾被中央文明委评为"全国文明单位"，是全国同行业中唯一获此殊荣的企业；是全国首家通过国标委验收的"国家级服务业标准化试点"企业；是全国首批五星级保健服务机构。在品牌发展的同时，足浴行业的品牌影响范围也在不断扩张，如颐而康不仅在国内其他城市积极布点，还在英国、荷兰等国家建立了直营店，成为全国首家跨国连锁保健机构。

3. 农家乐品牌深入人心

农家乐是集餐饮、住宿、娱乐等于一体的休闲产业，部分农家乐甚至适应市场需求，开始向体验农业等领域拓展，成为现代休闲娱乐的重要选择。总体来看，农家乐分布范围广，城市周边，主要交通干线两侧等区域都有布局。长沙市农业农村数据显示，截止到 2020 年 4 月初，长沙拥有各类休闲农业经营主体 1570 多家，国家星级农庄 40 家，其中五星级农庄 24 家；省级星级农庄 150 家，其中五星级 56 家，这些农家乐已经发展成为多功能的现代服务中心。品牌发展进程中，农家乐规模化、集聚化、标准化的趋势开始显现，从规模化来看，部分农家乐占地面积广，经营项目日益增多，包括水果采摘、酒店餐饮、垂钓休闲、棋牌娱乐等。如始建于 1998 年的百果园，占地面积达到 1100 亩，获得了"国家种苗龙头基地""国家农业旅游示范点""湖南省五星级休闲农庄""湖南省休闲农业示范点""湖南省科普教育基地""全省绿化先进集体""长沙市十佳乡村旅游点""长沙市五星级农庄"等荣誉；从集聚化的发展趋势来看，长沙北边的捞刀河畔，东边的长沙县、西边的望城区及岳麓区等地均有大量的农家乐集聚，形成了一定的规模；从标准化来看，随着政府部门加大了农家乐的监管力度，行业的卫生标准、安全标准等标准得到贯彻，2016 年 12 月初，长沙县更是成立了全国首个农家协会，该协会成立之初就有 48 个现代农庄加入，占全部 73 个农庄的比重达到 65.75%，这种协会模式必然会在一定程度上带动行业的标准化发展。

表 5-4　长沙部分星级农家乐基本情况

星级	名称
五星级 共 17 家	千龙湖生态旅游度假村、和风山庄、大明生态休闲山庄、浩博农庄、锦绣江南园林山庄、开源农庄、古村农业休闲园、百果园、樱花温泉、海天山庄、剑龙度假村、九龙农家乐、西汉水寨、山鹰潭度假村、明园垂钓山庄、大托兴隆生态休闲园、地海山庄
四星级 共 16 家	桂花塘休闲中心、东惠农庄、昆化湖农夫庄园、天赐园、长忆娱乐休闲公司、黄花山庄、秋塘月色、紫薇山庄、雅园、真人桥度假村、稻花村生态庄园、绿洲农业、古月山庄、香港湾度假村、日银休闲山庄、甘记农家饭庄

4. 健身康体品牌稳步壮大

随着居民健康意识的增强，健身康体进入男女老少的日常生活，相关产业稳步发展，特别是政府的公益性、普惠性的健身康体设施的投入更是激发了群众的锻炼意识，优化了产业发展环境。近年来，长沙大力推进体育惠民工程建设，2017年，全市成功布局了28个全面健身中心，并形成了所有社区建有便捷实用的体育健身设施，万人人均体育场地数达到15个，为健身产业发展提供了设施保障。[①] 适应健身康体行业发展需求，健身房、健身康体设备等产业发展迅速，以融耀健康O2O联营店为例，截止到2016年底，芙蓉区、开福区、岳麓区、雨花区、天心区、长沙县、望城区联营店的数量分别达到13、7、14、18、6、6、2家，在这种规模发展的背后，表明健身康体这一品牌已经获得了市场认可。

（三）创新发展长沙休闲产业不断升级

在社会大变革的时代，在消费者的消费理念、行为不断变更的时代，休闲产业唯有创新发展才能更好地获得市场认可，才能赢得未来。当前，长沙休闲产业经营主体积极利用以"互联网＋"为重点的新一轮技术革命带来的便利，通过产品与服务、管理创新、宣传推介等方式引导品牌化发展。

1. 产品与服务创新提升休闲品牌竞争力

适应市场环境、消费者偏好等的变化，长沙休闲产业产品和服务创新

---

① 郑湘平. 高新区全民健身中心等你来 ［N］. 长沙晚报，2019－06－22

力度不断加大，一大批具有市场竞争力的新产品被有效推出并获得了认可。酒吧 KTV 方面，3D 全息投影技术等新技术的应用，交流工具的开发与应用，甚至于啤酒外送服务等非传统酒吧服务都已经被纳入业务范畴。从足浴来看，当前，足浴保健用中药、足浴后用餐等产品和服务被广泛推广，足浴后住宿服务也被部分企业纳入服务范围，这种服务链条的延伸不仅使得产品更具有市场竞争力，而且有利于提高产品市场覆盖面，带动品牌知名度的提升。

2. 管理创新提升休闲品牌生命力

软服务是休闲产业发展的"命脉"，管理创新是提升软服务水平的关键，当前，长沙休闲产业积极推进管理创新，成立了行业协会，如长沙娱乐协会、湖南省足浴按摩行业协会、中国农家乐协会湖南工作委员会、长沙市酒吧 KTV 行业商会等，这些协会在规范行业发展，促进企业合作等方面发挥了无可替代的作用，甚至在一定程度上成为吸引客源，做大市场的重要力量，如通过协会组织推广微信支付大力发展"分享经济"，同一张消费卡或者消费券可以在不同的服务供应商处消费，激发了市场活力。

3. 宣传创新提升品牌传播力

宣传是品牌发展的重要推介力量，创新则是强化宣传效果的重要工具，当前，休闲产业注重利用"互联网＋"、主题活动等方式来进行推介，取得了较好的效果。在激烈的市场竞争中，主题活动是凝聚人气、号召消费者的有力工具，以 2015 年圣诞节为例，各酒吧 KTV 纷纷亮起了主题灯，乐巢酒吧的"误闯二次元"主题派对、魅力四射酒吧的粉靓圣诞夜、105单一麦芽俱乐部的免费火鸡大餐、S－MUSE 苏格缪斯酒吧的缤纷圣诞水果狂欢。总体来看，各行业基本都有属于自己行业特色的主题活动，如部分农家乐依托所栽种的水果，积极组织水果采摘、树苗种植等主题活动，并联合学校等机构广泛发动，取得了较好的效果。

二、品牌弱小制约持续发展

休闲产业是长沙的"大品牌"，是长沙服务业发展的核心竞争力之一，但在这种"大品牌"的背后也隐藏着诸多的风险与问题，如品牌的号召力、影响力、带动力、扩张力不足等。

（一）龙头企业"少"，品牌号召力不足

龙头企业不仅本身规模大，能够形成品牌效应，而且具有很强的集聚效应、外溢效应，一个龙头企业的发展能够有效吸引众多消费者，同时，龙头企业的经营管理模式、技术创新体系都具有外部性，可以为中小企业提供机会。整体来看，湖南休闲娱乐行业龙头企业偏少，依托龙头企业构建的休闲产业体系尚不完善。

1. 龙头企业数量少

传统的休闲产业由于市场空间相对有限，且休闲主体分散，航母型的龙头企业发展可能存在"天花板"效应，导致龙头企业总量偏少，部分领域甚至没有影响力大的龙头企业。如从足浴行业来看，虽然长沙号称"脚都"，但据美团大众点评研究院公布的数据来看，长沙足疗店数量比武汉的近4000家要少，"脚都"龙头地位某种意义上已经转让给他人，从企业本身来看，长沙休闲领域尚未有上市公司，但竞争对手重庆富侨却已经成

功上市融资。

2. 龙头企业产品品牌少

休闲产业品牌化发展的重要内容之一就是产品和服务的品牌化,当前,长沙的足浴、酒吧 KTV 等已经"名声在外",但真正能够在全国享有知名度的足浴服务、酒吧 KTV 服务、农家乐品牌服务并不多,特别是由于休闲产业进入门槛低,品牌发展面临较大的压力,农家乐等细分行业内部一盘散沙、恶性竞争、野蛮生长的问题一直都未得到有效解决。

3. 龙头企业品牌发展持续能力弱

一个品牌的形成需要时间的积累,但从长沙的发展来看,部分品牌持续经营能力不强。在经济发展新常态下,市场竞争更趋激烈,行业利润空间被压缩,哪怕是部分有着较高知名度的休闲娱乐企业也不得不关门转型来应对行业景气度不高的问题。2010 年以来,酒吧行业中的金色年华、可可清吧、上上酒吧、苏荷酒吧等品牌均撤出长沙市场;康体健身行业同样出现这一问题,2010—2011 年,长沙五十余家健身房就有 6 家关门,这既是市场发展规律的反应,也在一定程度上表明休闲品牌生存发展的难度。

(二) 业态分布"杂"品牌影响力不足

在资本特别是大资本多、市场壁垒不高的市场环境下,休闲产业的发展更多的是靠精细、特色来创造品牌,进而打开市场。否则,杂乱的业态可能给一个地方带来"混乱、不安全"等标签,进而影响品牌的培育与发展。整体来看,湖南休闲娱乐产业存在杂而不精的问题。

1. 业态的"多"分散了品牌打造的力量

品牌化发展需要长期的投入，需要有忠于品牌的消费者，在消费主体数量、可用于休闲消费的资金总额一定的前提下，如果休闲业态过多，消费者选择范围过大，则可能会分散消费者的力量，进而影响品牌的形成。休闲是一个包罗万象的业态，除已经形成一定品牌的酒吧 KTV、足浴、农家乐以及康体健身外，还有大量的细分行业，如网吧休闲、健康美容、画廊艺馆等，这种业态上的"多"会在一定程度上影响大品牌的打造。

2. 业态的"新"影响了品牌的打造

新老业态的更替是品牌发展的必然选择，但如果更替过于频繁，则会导致大量的"老业态"与"新业态"混杂并相互竞争、快速更替，这在一定程度上会影响品牌的打造。在休闲消费过程中，不同收入水平、不同生活环境以及传统文化习俗会导致巨大的居民休闲需求差异，休闲产业在适应这种差异化需求的同时，往往会更加关注细分市场，并根据细分市场需求进行产品和服务创新，由此衍生出大量的细分行业，这种新新业态的发展一定程度上影响资本的集聚，不利于集中力量打造休闲品牌。

3. 业态的"混"影响了品牌的打造

休闲产品与工业品、农产品不同，为满足娱和乐的需求，相关服务的提供商必须进行产品组合，如在农家乐引入棋牌娱乐、采摘休闲等服务，这就构成了一种综合性的服务业态。这种组合不仅需要投入一定的资金进行产品研发，还需要针对新产品和服务进行推广，在无法实现个性化定制规模化生产的背景下，品牌的打造可能会因为这种混杂而受到影响。

（三）地域分布"散"品牌带动力不足

集聚发展更容易形成区域公共品牌，就像五指握拳力量更大，相反，企业本身单打独斗要形成气候则难度更大。休闲娱乐产业由于消费模式等方面的特征，在发展中存在难以集聚等问题，影响了品牌建设。

1. 休闲娱乐实体经营带来的"散"影响大品牌的扩张

品牌打造既需要个性化定制，也需要一定的规模，但休闲娱乐在规模生产上受到限制，如农家乐、足浴、健身休闲、酒吧 KTV 等基本需要到实体店销售，即使当前的酒吧创新性推出的外送服务，更多的也只能是短距离的外送，这种地域上的限制使得跨区域品牌打造面临诸多挑战，如地域广泛分布带来的管理困难等。

2. 消费者分布"散"影响了品牌的扩张

休闲品牌的打造需要一定数量的忠实消费者，并且这种消费者需要有持续消费的能力，但在一定的市场空间内，休闲娱乐某一类消费者总量往往有限，如愿意办理康体养生俱乐部会员的人数总量相对有限，这种消费者分散式布局给中小资本更多的机会，而大资本往往由于地域范围广而出现规模"不经济"，不利于产品品牌的形成。

3. 经营主体分布"散"影响品牌的扩张

农家乐、足浴等休闲娱乐产业具有遍地开花但单个经营单位小的问题，这就导致难以制定综合性的行业标准，即使制定了标准也面临推广执行难等问题。上海劲释咨询针对全国 80 多家足浴店的问卷调查发现，每家店提供的足浴服务千差万别，包括脚盆、用药、茶水、果盘、零食、环境、足浴沙发以及员工素质等方面均存在明显差异，在差异的背后是参差不齐的产品和服务质量，这势必会影响品牌的打造。

（四）市场领域"小"品牌扩张力不足

市场空间是休闲娱乐行业品牌发展的重要保障，但部分行业市场领域较小，品牌扩张面临的压力较大。《2019 美团点评足疗按摩行业研究报告》显示，2018 年我国足疗按摩行业市场体量约 500 亿元，商户数量达 20 万。如果将这一份额分摊到各大、中城市的话，单个城市的营业额必然较小，难以形成与大品牌相匹配的市场规模。

1. 区域市场分割影响市场扩张

统一的市场是品牌扩张的基础，当前，我国各地都大力发展农家乐、健身康体等休闲产业，即使是足浴产业也成为各地发展经济、促进就业的重要选择，如陕西咸阳，江苏扬州纷纷办起了足浴学校，咸阳甚至投资 10 亿元打造陕西"足浴保健城"；再如农家乐，统计显示，2016 年，全国农家乐已超过 190 万家、民宿 4 万多家，预计 2020 年，我国农家乐将增加到 300 万家①，这种数量上的多也使得各地都形成了自己的品牌，如国家旅游局评选出"中国乡村旅游金牌农家乐"9231 家，品牌的竞争将进一步强化区域竞争，在一定程度上影响长沙大品牌的打造。

2. 休闲娱乐消费文化环境限制了市场扩张

休闲在某种程度上是精神上的消费，是价值理念的认同，因而这类消

① 邓卫哲. 建立农家乐综合评定国家标准 [N]. 农民日报，2016 – 03 – 12

费只有在特定文化环境支持下才能获得广阔的市场，离开了这种文化土壤产品扩张则会面临价值观念的挑战，甚至会由于文化冲突而难以生存。如长沙的洗脚文化，这种文化在长沙已经被广泛地接受并深入人心，甚至于被纳入接待范畴，外地客人到长沙后享受一次洗脚服务成了长沙人的待客之道，但在部分地方被认为是不健康甚至是庸俗的生活方式，更难以成为茶余饭后的休闲活动。

3. 市场消费主体娱乐偏好的变化影响了品牌的扩张

相对于其他类型的产业而言，休闲娱乐产业的产品和服务更容易受消费者主观意愿的影响，在消费主体偏好不断变化的前提下，产品生命周期可能更短，品牌形成难度更大。如在农家乐的消费中，消费者在持续享受了某一口味的菜品后，往往会产生一定的厌恶情绪，希望通过"换口味"来刺激自己的食欲，这就要求加快产品更新换代的力度，在一定程度上影响了行业品牌的形成。

三、转型升级重塑产业辉煌

湖南休闲娱乐产业具有品牌基础、产业优势与市场空间，已经成为一张响亮的名片，未来要进一步擦亮休闲名片，必须更大限度地挖掘休闲娱乐产业的潜力，推动产业转型发展。

（一）扩大中高端供给推动行业品牌化发展

产品是休闲娱乐产业发展的基础，只有具有竞争力的产品才能为产业发展提供有效的支撑，才能实现市场供给的改善，进而带动产业发展。因此，必须狠抓产品创新，改善产品供给。

1. 加快改造提升传统产品

适应消费市场转型升级、产品品牌发展的需求，大力推进传统产品改造。要大力提升休闲产品的文化内涵，积极淘汰低俗、低端的休闲服务企业，严厉打击无证经营等违法经营行为，坚决打击各种假冒伪劣产品，引导休闲行业经营主体树立积极向上的经营导向，提高整个产品的文化内涵。要积极改善休闲产品的生产经营环境，把握休闲消费更加注重现场体验的特征，积极引导小规模的足浴休闲、农家乐等行业加大改造力度，强化经营场地修饰，注重卫生环境管理，促进行业标准应用，提高休闲服务水平。

2. 大力开发新产品强化中高端供给

在供给侧结构性改革的宏观背景下，要着力解决休闲产业发展中供需不配套的问题，依托供给结构性调整满足市场需求。要把握足浴、酒吧KTV、农家乐、健身休闲等进入转型升级新阶段的特征，加大创新力度，鼓励企业加大研发经费投入，组建产品研发部门，培育研发人才，通过研发创新性地推出适应市场需求，具有较大市场空间的产品。

3. 大力强化配套服务提高休闲消费满意度

把握休闲产业更加注重产品软服务这一关键，大力提升配套服务水平，重点提升人的素养和服务水平。要加强培训，大力提高服务人员特别是一线服务人员服务水平，通过规范化的培训，逐步规范服务流程、服务内容，提高服务人员的语言表达、沟通协调能力，依托服务提升行业发展水平。要加强激励，大力提升中高层管理人员服务水平，通过精神激励、薪酬激励甚至于股权激励等方式，引导中高层管理人员积极作为，规范管理，提升发展水平。

（二）做强市场主体夯实品牌发展基础

企业是品牌发展的关键，要大力推进企业规模化、信息化、国际化发展，培育一批具有强大竞争力的、富有现代气息、开放发展的休闲产业市场主体。

1. 培育一批规上企业造就一批骨干企业

要促进企业规模化发展提高企业整体竞争实力。要以连锁经营、集团发展为导向，鼓励有实力的经营主体加大投资力度，稳步扩大经营规模，依托企业规模的扩大促进行业的发展，带动经营能力和经营水平的提升。要鼓励行业内部兼并重组，支持行内部龙头企业采取战略投资、参股经营等方式引领行业发展。要进一步放宽市场准入门槛，引导各类社会资本特别是大型企业集团投资长沙休闲娱乐产业，利用外部资源带动行业跨越式发展。

2. 适应"互联网＋"新生态鼓励企业创新运营模式

要把握新一轮信息技术革命带来的便利，大力推进休闲企业信息化。要促进产品和服务的数字化，充分利用数字技术，将企业产品和服务信息转化为能够在计算机、移动终端等设备中存储、识别的二进制代码。要促进产品和服务的网络化，利用互联网、物联网等网络，将休闲产业产品和服务信息互联网化，将产业发展标准、公共服务平台等互联网化，培育壮大休闲领域分享经济。要完善企业信息化配套设施，鼓励休闲企业布局新一代无线网络，健全基于微信、微博等新媒体的信息化营销、管理体系。

3. 把握开放发展机遇引导企业融入"一带一路"

要充分挖掘和利用国家"一带一路"倡议的机遇，加快布局国内乃至于全球市场，大力引导有品牌、有规模的企业"走出去"，培育壮大一批"走出去"的企业主体。要深化国内区域合作，引导休闲企业强化与广东、上海等沿海城市，成都、重庆等重要节点城市，昆明、乌鲁木齐等沿边城市的合作，依托这些"一带一路"关键节点城市布局带动产业开放发展。要创新"走出去"的方式，积极参与各类国际性的展销活动、宣传推介活动，提高长沙休闲的知名度。要加大"引进来"力度，严格落实外商投资准入前国民待遇和推行负面清单管理，加强外商投资企业产权保护，积极引导外商投资休闲服务领域。

（三）构建公开公平公正的市场环境优化品牌发展生态

监管是品牌发展的必要包装，要以市场监管能力与水平提升为重点，积极构建政府、行业、社会"三位一体"的外部监管体系，形成推动休闲产业发展的监督体系。

1. 大力强化政府监管

要从制度建设着手，针对休闲产业分布范围广、市场准入门槛低等特征，建立和完善"双随机、一公开"，即在监管过程中随机抽取检查对象，随机选派执法检查人员，抽查情况及查处结果及时向社会公开的执法监管机制。要注重加强执法队伍建设，加大人才培训力度，特别是加强针对互联网环境下休闲产业的执法培训，不断提高执法能力。注重整合部门力量开展联合执法，重点整合文化部门、旅游管理部门、工商税务部门等部门的力量，严格执法，确保休闲产业市场平稳运行。

2. 大力推进行业监管

要积极强化监管力量，鼓励市内区县组建地区性的农家乐、民宿行业协会等社会组织，担当监管、行业指导的责任。要充分发挥行业协会的功能，积极组织编制足浴、酒吧 KTV、农家乐等长沙发展较好行业的行业标准，引导休闲领域企业按照行业标准要求加快完善软硬件设施，建立标准化服务的质量管理体系，带动行业品牌化发展。要大力完善行业信用体系，强化信用信息利用，积极倡导诚实守信行为，严厉打击各种失信行为，建立失信联合惩戒机制。

3. 大力引导社会监管

注重健全监督渠道，通过电话、网络等开展监督活动，鼓励广大休闲消费者参与监督，形成更大层面、更大力度的监督体系。健全监督激励机制，对提供真实有效监管信息的主体，在保障其个人信息安全的前提下，可以进行物质或者精神激励，提高监督的积极性。要加大引导力度，鼓励鼓励新闻媒体参与休闲娱乐监督，利用其传播平台曝光各类违法违规行为，促进行业规范化发展。

（四）构建基于产业链的延链服务模式推动品牌打造

延伸和拓展是品牌壮大的必要途径，要以延伸产业链条，扩大产业规模，打造产业集群为发展方向，大力促进市场、产品、服务延伸，在延伸中实现规模扩张、品牌重塑。

1. 抓市场延伸拓展品牌辐射范围

"十三五"乃至于更长一段时期内，城镇化都将是我国经济社会发展的一条主线，这种城镇化不仅带来人口的集聚，更是居民消费行为的一次变革，在新型城镇化的背景下，在居民收入稳步提升的环境中，县域、重点镇休闲消费能力将得到大幅度的提升，长沙打造休闲娱乐产品品牌，必须紧跟这种空间拓展的发展趋势，积极优化休闲产业布局，将休闲娱乐行业产品向县域、集镇乃至于农村社区延伸，通过连锁经营等方式带动规模扩张，品牌延伸。

2. 抓产品延伸拓展品牌带动力

要挖掘品牌的内在价值，大力推进品牌拓展，开发出相应的衍生产品，进而带动行业发展。如健康养生行业，要围绕健康养生，积极开拓上游的健康养生器械制造、养生产品的开发等，强化下游的健康休闲知识讲座，配套服务的供给等，以此打造形成一个产业链条。实际上，随着居民收入的增加，以及老龄化社会的到来，健康休闲产业的市场空间将更加巨大，只要能够根据高收入群体、中等收入群体、低收入群体，老年人、中年人、青年人等不同群体的特征设计出相应的产品，健康养生行业必将可以适应市场需求，在规模发展中实现品牌塑造。

3. 抓服务延伸提高品牌的持久力

要在提供休闲娱乐服务的同时，把健康、文化等相关的内容纳入休闲产业品牌建设中来。要鼓励企业建立服务质量管理体系，通过总结、推广行业先进管理经验，大力地不断提高企业管理水平，引导行业服务水平的提升。要鼓励企业完善内部激励机制，发挥人在服务中的核心作用，通过客户评价、职工相互评价、企业总体评价等方式完善服务评价机制，促进服务水平的提升。要积极推广利用新技术、新手段改善休闲服务，积极推广机器人等现代化服务手段，打造信息化、现代化服务体系。

（五）营造浓厚舆论氛围形成共创品牌的发展环境

宣传是品牌推广的重要手段，必须强化宣传的作用，努力实现依托宣传建品牌，依托品牌促宣传的良性循环。

1. 加大宣传力度

要把握长沙休闲产业的基础与优势，加大人力、资金投放力度，全面提升宣传层级。要强化单个产品的品牌宣传，针对重点开发的新产品新服务、已经成功投放且口碑良好的产品和服务进行持续有效的宣传，依托名牌产品带动休闲消费。要强化长沙休闲娱乐品牌整体宣传，依托长沙休闲产业发展积累，积极在各类全国性乃至于具有全球影响力的平台上进行宣传推介，不断拓宽长沙休闲的地域覆盖面，提高知名度，打开外部市场。

2. 加强宣传的针对性

把握休闲消费的关键领域，全面提高宣传工作的针对性。要加强重点市场的宣传，根据长沙的省会地位，在长江中游城市群的中心位置，积极加强重点区域宣传推介力度。要加强重点人群的宣传，根据休闲产业的特征，足浴行业可以强化中老年群体的宣传，酒吧 KTV 可以加强在中青年群体中的宣传，农家乐可以加强在城市中等收入及其以上群体中的宣传推介力度等，通过针对性的宣传促进品牌的打造。

3. 创新宣传手段与模式

要创新宣传手段，利用微信、微博、手机短信、网站等现代宣传方式，充分发挥各类宣传工具的优势，形成相互补充的宣传体系。创新宣传模式，主动撰写有关长沙休闲产业发展的新闻通讯、品牌推介等宣传内容，引导消费者了解、参与长沙休闲产业发展，带动行业品牌发展①。

---

① 陶庆先. 传承创新中传统休闲娱乐产业转型升级研究 ［J］. 中国市场，2019（4）：47－48

第六章　创新发展：做大湖南传统工艺品牌

传统工艺品不仅是一种消费品，而且代表着一种精神寄托，能够获得一些对产品品牌具有较高忠诚度的消费者的喜爱。当前，部分有特色、有优势的产品获得了市场的青睐，厦门龟印、山西剪纸、潍坊风筝、江西景德镇瓷器、广州粤绣、苏州的苏绣，自贡的竹扇、徐州新沂的剪纸、浙江仿古剑，广西壮锦，浙江冰裂纹瓷①等都已经成为具有地方特色的品牌。历史上，湖南传统工艺品牌有过自己的辉煌，发展至今，湘绣、菊花石、浏阳烟花等品牌依然响亮，但在日新月异的市场环境中，部分产品市场地位逐步下滑，个别产品甚至已经退出了历史舞台。如何重新唤醒传统工艺品牌的活力？唯有创新才能突破，唯有创新才能重塑湖南工艺品牌形象。

一、湘味艺术播撒潇湘神韵

湘绣、石雕、编织、陶瓷……湖南传统工艺品不仅是满足生活需要的

---

① 智研咨询发布的《2011—2015 年手工艺品行业市场运营态势及投资战略研究报告》。

工具，更是包含着文化元素的艺术品，在三湘大地上，这件艺术品以其独特的方式融入生产生活中，点缀着湖湘文化的内涵。

（一）历史悠久，湖南传统工艺品牌深入人心

如果从秦始皇设黔中、长沙两郡算起，湖南已经有两千多年的历史，那么长沙传统工艺品牌的历史又有多久了？1972年长沙马王堆一号汉墓出土了"深褐色菱纹信期绣""黄绢地长寿纹绣"等大量刺绣残片，这一发现表明湖南刺绣也已经有了两千多年的历史了，同样，石雕等能够流传至今的传统工艺品也都在历史的长河中留下了印记。

1. 品牌众多，传统工艺品行业规模大

长沙传统工艺品行业品牌众多，单从获得认定的非物质文化遗产项目来看，国家级、省级、市级传统工艺数量分别有4个、2个、7个，此外还有一批县（区）及非物质文化遗产项目、尚未被挖掘出来的传统工艺项目，这些项目的产业化必然带动相关行业的发展。实际上，长沙传统工艺品中产生了大量的经典之作，以湘绣为例，有现藏上海博物馆的《吴佩孚母亲像》、现藏台北故宫博物院的孙中山先生灵柩覆盖的湘绣棺罩、现藏美国亚特兰大市小白宫博物馆的《罗斯福总统绣像》等，这些产品打响了湘绣的名气，有效地带动了产业发展。据不完全统计，截止到2018年底，全市共有行业协会组织1个，湘绣产业园2个，生产企业140余家，从业人员近2万人。

表 6-1 非物质文化遗产中传统工艺品的分布情况

级别	工艺品
国家级	湘绣，浏阳花炮制作技艺，石雕（菊花石雕），长沙窑铜官陶瓷烧制技艺等
省级	民间剪纸，棕编（长沙棕叶编）等
市级	长沙捞刀河刀剪制作技艺，长沙棕编（拓展项目），手工热锻嵌钢（夹钢）菜刀技艺（拓展项目），彩带编制方法（拓展项目），唐市金银首饰加工技艺，望城新康木雕技艺，丁字湾麻石雕刻技艺、靖港纸扎、长沙篆刻、望城传统炭画、青山竹编、谷山砚雕刻技艺等

资料来源：根据长沙非物质文化遗产网资料整理。

2. 市场广阔，传统工艺品雅俗共享

湖南传统工艺品既具有实用性又具有观赏性，既可以成为高端的艺术品，也可以是寻常百姓家的日用品，这就使得工艺品的市场空间极为广阔。依托专卖店、超市、商场等实体销售渠道，长沙传统工艺品积极拓展市场空间，在张家界等省内旅游型城市，在北京、上海等一线城市，乃至于国外市场均有布点。以湘绣出口为例，20 世纪 90 年代以前，湘绣就通过香港转口到东南亚、韩国、日本等地，随着对外开放力度的加大，湘绣出口更为便利，曾创下过年出口额 500 余万美元的辉煌。此外，菊花石等传统工艺品出口态势良好，从全国市场来看，2013 年出口额接近 5 千万美元，作为全国重要的菊花石产区，必然在其中占据了较大份额。

表 6-2 我国菊花石进出口情况

	2009 年	2010 年	2011 年	2012 年	2013 年	2014 年	2015 年
出口量（千克）	8 784 505	11 655 795	7 646 531	7 740 190	7 667 417	4 025 896	4 810 934
出口金额（千美元）	15 268	22 476	25 798	26 392	49 874	40 609	29 125

资料来自产业信息网《2018—2024 中国菊花行业进出口态势分析及对外贸易前景展望报告》。

3. 传承有序，传统工艺品后继有人

人才是传统工艺品传承与发展的基础和前提，只有通过人才将传统工艺品的文化精髓、工匠精神传承下来，传统工艺品的内涵才能得到延续，也才能称之为传统；同样只有通过人才的创新，才能使传统工艺品具有现代气息，符合当代人的需求。以湘绣为例，早在1898年，胡莲仙就在长沙市司门口开设了第一家湘绣店"吴彩霞绣庄"，并通过传教徒弟的方式带动了始创于李仪徽掺针绣法的推广，进而推动了相关湘绣产品的市场化。时代发展至今，各类现代化的工艺、设备充斥市场，智能化的机械设备能够在一定程度上替代人工作业，有手艺、勤于钻研的传统工艺人才更显珍贵，长沙市更是注重这一资源的保护，通过非物质文化遗产传承人、民间工艺传承人、"金手指"传人等方式实现人才的保护，激发人才活力。

表6-3　传统工艺品重点人才基本情况及其分布

类　别	代表性人物
非物质文化遗产传承人（市级）	湘绣：刘爱云、左季纯、柳建新、江再红、彭若君、邬建美、李艳、罗利香、毛珊、黄笛；民间剪纸：秦石蛟；雕刻：陈继武、曹明珠、周旭、李舟；陶瓷技艺：刘坤庭、彭望球、刘志广；棕叶编：王文定、周佳霖
长沙市民间工艺十佳杰出传承人（2006年评选）	邬建美的刺绣，李静、柳建新的湘绣，曹明珠、袁耀初的菊花石雕，王文定的棕编，江木根的烟花设计，秦石蛟、刘坤庭的陶瓷炼制技艺，江再红的刺绣等①

① 2006年11月，由湖南省长沙市文联和湖南省长沙市民间文艺家协会评选出"长沙市民间工艺十佳杰出传承人"。这10位传承人来自湘绣、菊花石雕刻、花炮、棕编、剪纸等传统的长沙民间工艺，他们不但掌握精湛卓绝的技艺，还在民间广泛地传承自己的技艺与技能。其中：邬建美的刺绣作品《人与自然》、李静的湘绣作品《年年有鱼》、曹明珠的菊花石雕《岁岁平安》、王文定的棕编作品、江木根的烟花设计作品、秦石蛟的剪纸作品《鸟语花香》、袁耀初的作品《野山花》、柳建新绣制的《上山虎·下山狮》、刘坤庭的泥塑作品、江再红绣制的《雄狮》。

续表

类　别	代表性人物
2015 长沙文创十大工匠首届"金手指"传人	10 位"金手指"传人及其作品：胡义平《齐白石像》、谭艺《晚渔新浴》、张询《火宫殿》、徐怀友《古村西照》（菊花石雕）、陈金成《战长沙》、梁定华《布匹和布包》、金炼《18K 金十二星座吊坠》、周佳霖《十二生肖系列》、颜颂华《蜻蜓戏花》、米海兵《东方稻神》

资料来源：根据长沙非物质文化遗产网资料整理。

（二）延续发展，湖南传统工艺品牌开枝散叶

湖南传统工艺品牌多，其中有市场、有规模，发展现状较好的主要有湘绣、菊花石、烟花爆竹、陶瓷等产品，这些品牌既延续着长沙传统工艺品的历史，也事关长沙传统工艺品牌的未来。

1. 享有盛誉的中国四大名绣之一——湘绣

湘绣与苏绣、粤绣、蜀绣并称为我国"四大名绣"，早在 2500 多年前的春秋战国时代，湖南的地方刺绣就有了一定的发展，之后，湘绣艺人相继创造出用于刺绣花卉、山水、动物、人物的 70 多种针法，近年又创造出难度极大的"双面全异绣"。李凯云、杨应修、黄粹峰、刘爱云、周金秀、邬建美等更是被国务院授予湘绣中国工艺美术大师称号。目前，长沙湘绣主要分布在长沙县、望城区、开福区的数十个乡镇，湖南省湘绣研究所、湖南省湘绣博物馆、长沙市沙坪湘绣厂、湖南星沙湘绣城等研究机构、企业主体成为传承湘绣文化，带动行业发展的主体力量。据统计，目前全市湘绣行业共拥有注册商标 12 个，湘绣原产地证 1 个。

表6-4　湘绣部分代表性人物及其作品

作者/单位	作品及荣誉
廖家惠	《吴佩孚母亲像》（现藏上海博物馆）
锦华丽绣庄	《罗斯福总统绣像》（现藏美国亚特兰大市小白宫博物馆）
李静	《年年有鱼》获中国四大名绣精品联展一等奖
星沙湘绣城绣制	《长寿鸟》江苏省木棰举办的"中国四大名绣展评"中获一等奖
长沙绣花园绣制	《安南绣像》在2005年"中国工艺美术大师作品暨精品展"获得刺绣类唯一金奖
邬建美	《后母戊鼎》被中国国家博物馆收藏，《四羊方尊》被珍藏于中国文物局，《竹林》被珍藏于中国工艺美术馆

资料来源：根据网络资料整理。

2. 闻名世界的浏阳菊花石雕

传统工艺美术品木雕、竹雕、石雕均是最具魅力的产品，在这些雕刻品种中，菊花石雕辉煌一时且延绵至今。大约在乾隆年间（1736—1795），菊花石就被发现并加工成为艺术品。同治年间的《浏阳县志》载："菊花石堪称菊石花，……"；《故宫博物馆院刊》的史料也佐证了这一事实，据记载，"清代内府中已藏有菊花石砚多方……"，从清代开始，菊花石就已经开始了产业化的步伐，如今的浏阳菊花石行业产值达到数千万元，著名的菊花石雕创作者戴清升等更是获得"高级工艺美术家"的称号。为了推动行业品牌化发展，浏阳举办了系列节会活动，2015年，第二届中国（浏阳）菊花石文化节在浏阳举行，并成功邀请上海大世界吉尼斯总部工作人员对菊花石刻壁画《万佛朝宗》（长364厘米，宽123厘米）进行大世界吉尼斯之最认定。同时，浏阳还注重利用协会管理促进品牌发展，早在2005年，浏阳就成立了浏阳市菊花石雕行业协会，协会成员过百。

表6-5 菊花石领域部分代表性人物及其作品

作者	作品及荣誉
戴清升	"映雪"花瓶、"梅、兰、菊、竹"屏风荣获巴拿马万国展览会"稀世珍品金奖";"仿古假山"菊花石雕,荣获清政府举办的南京南洋劝业展览会"稀世珍品奖章"两枚
张其麟	菊花石雕出奥运"马术"图标,捐赠给北京奥组委
苏波	《绝代双娇》在中国"百花杯"大赛中获银奖
曹明珠	《石中缘》获得第五届中国花卉博览会银奖;《岁岁平安》获得第二届中国特产文化节艺术展金奖
陈继武	《万佛朝宗》大世界吉尼斯之最认定

资料来源:根据网络资料整理。

3. 经久不衰的烟花爆竹

浏阳、醴陵和江西的上栗、万载是中国的四大花炮生产基地号称烟花爆竹行业的"金三角",既是中国烟花爆竹的发源地,也是全球最大的烟花爆竹生产基地。2018 年,浏阳烟花爆竹产业总产值达 246.4 亿元,出口额达到 35.9 亿元。在烟花爆竹行业转型发展的历史进程中,品牌发展已经成为一种必然的选择,早在 1992 年,浏阳启动浏阳市著名商标评选活动,截止到 2015 年 6 月,浏阳烟花爆竹行业中国驰名商标数量达到 7 个①。在品牌发展的同时,浏阳着力淘汰落后产能,根据《浏阳市落后烟花爆竹生产企业退出工作实施方案》,2016、2017 年,浏阳共有 306 家烟花企业退出,唯有有实力的企业才能生存下来,进而形成大企业规模生产、品牌发展的局面,"2016 年度中国烟花爆竹十大品牌总评榜""2017 年度中国烟花爆竹十大品牌总评榜"均分布在浏阳。

---

① 浏阳花炮行业再添 2 个中国驰名商标 [EB/OL]. http://www.liuyangshi.cn/liuyangxinwen/2015/0808/65986.html

中国烟花爆竹年度十大品牌

2016 年度	2017 年度
第一名：大吉（浏阳市大吉烟花爆竹制造有限公司）	第一名：浏阳花炮（湖南浏阳花炮有限公司）
第二名：浏阳花炮（湖南浏阳花炮有限公司）	第二名：东信（东信烟花集团有限公司）
第三名：大围山（浏阳市官渡烟花集团有限公司）	第三名：红鹰（浏阳市金生红鹰烟花制造有限公司）
第四名：福祥（湖南省浏阳市福祥烟花集团有限公司）	第四名：中洲（浏阳市中洲烟花有限公司）
第五名：庆泰（湖南庆泰烟花制造有限公司）	第五名：飞鹰（浏阳市飞鹰烟花有限公司）
第六名：飞鹰（浏阳市飞鹰烟花有限公司）	第六名：大围山（浏阳市官渡烟花集团有限公司）
第七名：世纪红（浏阳世纪红烟花制造销售有限公司）	第七名：龙旦（湖南浏阳花炮有限公司）
第八名：龙旦（湖南浏阳花炮有限公司）	第八名：贝贝（湖南贝贝烟花有限公司）
第九名：颐和隆（浏阳市颐和隆烟花集团有限公司）	第九名：庆泰（湖南庆泰烟花制造有限公司）
第十名：金虎（浏阳市金虎出口鞭炮烟花厂）	第十名：世纪红（浏阳世纪红烟花制造销售有限公司）

资料来源：品牌排行网（10brandchina. com）。

4. 涅槃重生的陶瓷工艺

长沙的陶瓷已有一千多年的历史，望城区（原来望城县）铜官镇是全国著名的五大陶都之一，其产品覆盖了美术陶、建筑陶、卫生陶、日用陶、炻陶 5 大类。20 世纪七八十年代，长沙陶瓷由于建湘瓷厂、湖南陶瓷总公司等企业的发展而进入鼎盛时期，但相比于醴陵陶瓷、景德镇陶瓷、佛山陶瓷等地产品，长沙陶瓷曾经一度"沦落为二等公民"，产品竞争力和知名度不足。2005 年后，长沙陶瓷在"沉默中爆发"，中国红艺术陶瓷异军突起，大红陶瓷、锦东陶瓷等产品品牌化加速推进，长沙陶瓷产业发展迈入了新的历史时期，而长沙铜官窑国家考古遗址公园的开园则更是拉开了长沙陶瓷全面复兴的序幕，截止到目前，铜官镇片区已经集聚了长沙铜官窑国家考古遗址公园、新华联铜官窑国际文化旅游度假区、以铜官古镇为核心的铜官文化创意产业园，长沙陶瓷走出了历史的新高度。

表 6-6 长沙陶瓷产业发展情况

板块	行业规模	产品特色
铜官陶器	铜官现有陶瓷企业和工作室 100 多家，以海旭陶瓷、府窑陶瓷、华科特陶、丰绿陶瓷为代表的一批企业正在成长，拥有雍起林、刘坤庭、胡武强、彭望球、谭异超等近 20 名国家级和省级大师，从业人员 3000 余人，陶瓷产业规模近亿元	以日用陶瓷、工艺美术陶瓷和园林景观特色陶瓷为主导产业，以炻瓷餐具、陶质茶具、陶瓷酒瓶、工艺品、雕塑、琉璃瓦等为主导产品
中国红陶瓷	长沙大红陶瓷发展有限责任公司、长沙锦东瓷业有限公司等企业，主打收藏品、礼品、陈设品市场，产业规模过亿	"中国红"是近十年长沙陶瓷产业的杰出代表，在全国艺术与礼品市场占有绝对的市场优势
高技术陶瓷	集聚了湖南精城特种陶瓷有限公司、华科特陶、友创陶瓷等企业	耐磨陶瓷、特种陶瓷、绝缘体配件

资料来源：《长沙文化发展报告蓝皮书（2015）》。

5. 形态各异的其他传统工艺品

具有浓厚文化底蕴的长沙传统工艺品数量众多，除湘绣、菊花石、陶瓷等外，还有编织、刀剪和剪纸等品牌产品。从编织来看，藤编、草编、棕编等都久负盛名，长沙棕编被誉为"江南一绝"，棕编之巧与湘绣之美、菊花石刻之奇，并称为"长沙三绝"，第五届中国工艺美术大师王文定的作品《综编》更是入选文化部主办的中国民间艺术一绝大展。从刀剪来看，捞刀河刀剪是湖南省有名的工艺小商品，长沙县捞刀河镇的刀剪与北京王麻子、杭州张小泉的产品齐名，在全国刀剪质量评比中，抛光剪、电镀剪分列第一、第二名，发兰剪获国家优质产品称号。从剪纸来看，长沙望城白箬是"剪纸之乡"，从"南秦北傅"的全国剪纸世家分布来看，南秦即为南方地区白箬铺镇的秦石蛟家族，秦石蛟本人更是被誉为"全国十大神剪"之一。

（三）富有特色，长沙传统工艺品牌长久不衰

特色是传统工艺品牌延续发展的源泉，纵观历史上的传统工艺品，能够延存至今的无一不是特色鲜明、品质突出的产品。长沙传统工艺品同样如此，如今仍然具有强大生命力的传统工艺品牌都具有强烈的行业特色或者地域特色。

1. 突出题材引导工艺品特色发展

传统工艺品牌之所以能够成为艺术品，成为品牌，重要的原因之一在于善于突出某一个题材，通过题材的策划、选择和加工形成珍品。如湘绣，有突出狮、虎等题材的作品现藏于中国工艺美术馆，成为国家级珍品（国宝）；菊花石方面，近年来，浏阳菊花石通过立体多层花卉的方式，并融入人物元素打造成为独特的工艺品，如雕琢成"黄巢咏菊""天女散花"等就是有关人物神话故事的作品；铜官窑更是注重题材，初唐时期注重将十二生肖等主题融入作品中，中唐时期注重将书法装饰融入作品中，晚唐时期注重将花鸟画等融入作品中，这实际上就是突出主题打造的工艺品。

2. 突出延续引导工艺品品质发展

长沙传统手工艺品不仅注重工艺品的艺术性，更是注重产品的实用

性，注重将艺术性融入产品功能中去。以捞刀河刀剪为例，捞刀河生产的"三刀"（剪刀、菜刀、剃刀）历史悠久，在明代的时候就已经形成了规模，新中国成立初期更是组建了长沙市捞刀河刀剪厂，直到1997年该厂改制，捞刀河刀剪厂存续了四十余年，其间创造了剪刀质量评比全国第一的辉煌。在企业的发展进程中，通过专业化的分工、招收子弟进厂以及"带徒弟"等方式实现工艺和品牌的延续，在延续发展中实现工艺的传承、品质的提升。时代发展至今，这种传承被摆在更加突出的位置，政府投入大量的资金建设博物馆等载体，用于传统工艺品的展示，如湖南省沙坪湘绣博物馆获得"2015年全国优秀科普教育示范基地""中国湘绣文化传承发展与产业中心"等荣誉。

3. 突出创新引导工艺品持续发展

创新是传统工艺品保持生命力和竞争力的关键，在传统工艺品牌发展的进程中，湘绣、菊花石、陶瓷等产品并非一成不变的保持原有的元素，而是在传承中突出创新，如长沙的剪纸就创造出"综合折剪""着色剪纸""交织套色剪纸"等多种特色剪纸技艺。再如在刀剪的传承中，注重利用各类现代化的加工设备对工艺进行改进，以此降低劳动强度，弱化手工制作存在的缺陷，以此带动品质的提升。

4. 突出市场引导工艺品集聚发展

市场是传统工艺品得到传承发展的动力，没有市场的产品，即使其艺术价值高也难以保持生命力，难以实现品牌的推广与扩张。长沙传统工艺品高度重视市场需求的反应，当前更是通过产业集聚、规模生产来适应市场需求，如湘绣城、湖湘文化艺术品大市场、天心阁古玩城艺术品跳蚤市场、湖南红星木雕工艺品批发城等传统工艺品市场定位清晰，功能明确，获得了市场的认可。

表6-7　长沙部分传统工艺品市场发展定位及其经营范围

市场名称	市场定位	经营范围
湘绣城	全国最大的刺绣生产基地及首家国家级非物质文化遗产保护研究基地	湘绣展示、生产、研发
湖湘文化艺术品大市场	长沙唯一的文化艺术品专业市场，中南地区最大的文化艺术品的集散地	绣品、雕刻工艺品竹、木、石 玉 瓷 纸等各种雕刻工艺品）、藤编、草编、棕叶编等各类编织、布艺、纸艺、金银首饰、具有特色的民间各种织锦、布艺服饰、金属工艺品 陶瓷工艺品、水晶工艺品、名人字画、文物仿制工艺品等
天心阁古玩城艺术品跳蚤市场	湖南省最大的艺术品收藏市场	瓷器、玉器、杂件、字画、古旧书籍及一些民间、民俗文物
湖南红星木雕工艺品批发城	中南地区最大的木雕工艺品批发城	木雕、竹艺、陶艺、石雕、佛事用品、工艺品、红木饰品的批发与零售。

资料来源：根据网络资料整理。

二、传统产品市场举步维艰

在物质极其丰富的年代，传统产品的市场环境发生重大甚至是颠覆性的变化，部分产品市场空间急剧萎缩，甚至只能成为博物馆的藏品。传统产品市场为什么会出现这种举步维艰的问题？传统产品的不潮、不新、不惠、不绿影响了其竞争力，限制了市场拓展。

（一）传统产品不"潮"市场接受难

顺应潮流，符合当代市场主流价值观念是传统产品保持生命力的关键，特别是随着新生代成为消费生力军，传统产品更是要迎合市场需求主动求变，否则市场空间必然受到限制。从长沙的实际来看，大量的传统工艺品依然沉湎于过去的辉煌中，难以激发消费者的购买欲望。

1. 产品文化元素不"潮"

产品所蕴含的文化元素是品牌打造的关键，也是产品能否获得市场认可的重要影响因素。只有符合目标市场消费主体价值观念的产品才能获得消费者"货币"的认可，因而传统工艺品牌必须根据市场变化丰富自身的文化内涵，但长沙传统工艺品难以达到这一点。以湘绣为例，一件好的绣品一般集绣品的技艺、文化、艺术修养于一体，目前绣工其年龄多为35～50岁的中年妇女，这一人群更多的是把这一工作当作赚钱谋生的工具，没有深入了解湘绣的文化内涵并认同这种文化价值，更难以通过设计、工艺等将现代文化的"潮"元素融入产品当中。

2. 产品外形不"潮"

漂亮的或者说美的产品总是更引人注目，在物质异常丰富的当下，外形丑陋的产品若非无可替代一般难以获得消费者的青睐。当前，长沙传统工艺品外形设计与90后、00后新生代消费者的审美观念存在较大的差异，或者说没有跟上新生代消费者的观念变化，如棕编等产品，这些产品或者模拟各类动物，或者成为一件小的器具，由于缺乏其他材料、元素的加入，外形相对单一，产品缺乏竞争力。

3. 产品消费模式不 "潮"

在大数据、互联网的新生态下，积极构建新的消费模式是传统工艺品牌发展的必然选择，但当前长沙传统工艺品牌互联网化不足，烟花行业由于高危险性更多的只能利用互联网进行产品的推介和宣传，难以实现网络销售和消费；足浴休闲、酒吧 KTV 等行业虽然可以通过微信等方式购买，但基于移动互联网的产品消费、服务配送等受到较大限制。

（二）传统产品不 "新" 市场推广难

新是传统工艺品焕发活力的必然要求，新技术、新人才、新产品的缺乏导致传统工艺品牌整体竞争力不足，市场推广难。

1. 新技术引入难

新技术是传统工艺品牌发展的核心要素，从技术创新来看，由于传统工艺品牌更多地强调手工制作，强调传统工艺的传承，且在发展过程中由于缺乏大投入，产品研发、工艺更新等都存在滞后性。从产学研合作来看，由于传统工艺品牌整体市场规模有限，高校等研究机构相关研发行为兴趣不浓，研究成果不多，而大多数企业由于内部治理结构不完善，尚未与高校等科研机构组建产学研合作联盟，尚未形成完善的研发投入—成果转让与应用管理体系，新技术引入面临诸多限制。

2. 新人才引入难

人才是传统工艺品牌发展的关键，当前，长沙传统工艺人才短缺，突出表现在年轻的人才不愿意进入，老一辈人才逐步退出，人才培养体系不完善等方面。以烟花爆竹行业为例，由于担心较差的工作环境等引起健康问题，年轻劳动力宁愿去工厂打工，也不愿意投身到烟花行业中来。再如陶瓷行业，当前铜官窑从业主体以大师作坊及艺术家工作室为主，工作室人才训练和培养以传统的"传帮带"为主，人才培养缺乏系统性与连续性，培养规模也相对较小，而湖南大学、中南大学、湖南师范大学、长沙理工大学等高等院校培养的人才则大量地流向沿海城市、景德镇等陶瓷主产区，长沙本地人才断层问题难以解决。

3. 新产品推出难

新产品是长沙传统工艺品牌保持竞争力的重要保障，不断推出的新产品能够有效改善市场供给，保持产品的生命力。当前，传统工艺品牌面临老产品市场竞争力不强，新产品不多的问题，这主要是由于企业主体整体实力较弱，有一定规模与研发能力的企业屈指可数，新产品开发设计明显不足，即使产品有一定的改进，也可能由于缺乏宣传配套，产品推介力度有限，新产品市场空间难以拓展。如近几年随着人们审美习惯的变化，湘绣被面和条屏在国外市场日益衰落，但湘绣却没有因市场变化，开发出适销对路的新产品。

（三）传统产品不"惠"市场扩张难

价格是传统产品能否获得市场认可的重要因素，过高的价格或者多低的性价比都可能影响产品市场扩张。当前，长沙传统工艺品存在性价比不高的问题，消费者对于"艺术品"更多地只能从欣赏的角度来考察，难以形成消费。

1. 产品成本高

传统工艺品生产主要涉及原材料、要素以及税收等成本，如果这些成本上升，则传统工艺品的价格必然上涨。从原材料来看，在物价上涨的背景下，原材料价格也在不断上升，特别是菊花石等原料开发越来越少的行业更是如此，浏阳菊花石原料已经从原来的 4000 元每吨涨到如今的 1.5 万元每吨，涨幅之大可见一斑。从人力成本来看，近年来我国劳动力成本上升速度快，即使是农民工工资也大幅上涨，如今，长沙农民工的工资基本都在 2000 元以上，部分劳动强度大、工作环境较差的岗位工资更高，在行业利润水平较低的环境下，传统工艺品发展面临请不起人的困境。

2. 产品单价贵

价格是影响传统工艺品市场竞争力的重要因素，总体来看，部分传统工艺品牌单价过高，如菊花石，从几百到几千上万甚至上十万的都有，并且单价几百元的产品大多为外地购进的原料，甚至是边角废料组装的，难以保证产品的品质、产品的实用性和观赏性。长沙的另一大品牌湘绣同样如此，产业发展配套能力不强，原材料和配套产品需要从外地市场购入，增加了谈判成本、物流成本等成本，产品单价较高。

3. 产品性价比低

传统工艺品牌实用性不高，部分产品甚至只能简单的做观赏用，即使是具有一定功能的产品，但与具有相似功能的产品相比，也可能存在性价比不高的问题，如在铜官窑制作一个普通的瓷器产品价格可能为 50 元左右，这种制作虽然带有一定的体验功能，但市场上售卖的产品可能只有几元钱。并且由于市场管理不规范，不同作坊的价格存在较大的差异，甚至存在宰客现象，而消费者本身又难以甄别，这种无序竞争的发展环境更难以实现产品性价比的提升。

（四）传统产品不"绿"市场维持难

"绿"色发展是传统工艺品牌发展的必然导向，这种绿不仅是要满足生态的要求，还要满足和谐、安全发展的要求，只有这样才能打开市场空间，才能在转型中实现新的突破。

1. 生态环保压力大

在生态意识不断强化的现实环境下，传统工艺品发展必须符合"绿色"要求，但烟花、陶瓷等产业是环保监管的重点对象，烟花爆竹行业尤为突出。该行业不仅在生产环节受到严格的监管，要求采取规模化、机械化、标准化的模式降低环境损害，而且在销售方面也面临重大的压力，大量的城市加入限制甚至禁止燃放烟花爆竹行列，这就倒逼行业绿色发展，否则必然面临市场萎缩的困境。

2. 安全生产压力大

安全生产是传统工艺品牌发展的"底线"，只有实现安全生产，才能谈发展、谈未来。从传统工艺品牌来看，烟花行业安全风险较大，2016 年浏阳市荷花出口烟花厂"5·17"较大爆炸事故造成了较大的影响。此外，菊花石矿石开采，工艺品运输等均面临安全考验，给行业发展带来了挑战。

3. 循环发展压力大

在现代科技的引导下，再制造、二次开发利用成为各行业发展的重要取向，长沙传统工艺品牌产业链条尚不完善，烟花爆竹燃放后的废纸、刀剪使用后的废铁虽然可以回收，但与产品再制造关联性不大，湘绣、菊花石等产品更是"一次性"消耗品，产品回收体系不健全，回收后用处不大，难以形成循环发展模式。

三、创新绽放古老艺术魅力

传统工艺品牌是一种文化传承，是一种艺术，在遭遇了发展瓶颈的当下，唯有创新才能重新绽放其魅力，实现新的跨越。

（一）设计创新提高产品内涵

设计是传统工艺品牌发展的基础，设计创新能够有效提高产品内涵，为传统工艺品牌重新焕发活力奠定基础。

1. 把握需求导向推进设计创新

适应市场需求变化创新产品设计是传统工艺品牌发展的必然导向，要充分利用互联网、大数据了解消费者偏好，通过对消费者消费偏好、消费能力等分析，全面掌握不同消费群体的特征，明确目标消费群体，并根据目标消费群体需求设计出新产品，提供新服务，带动传统工艺品牌发展。要充分利用"互联网＋"平台促进信息流通，在产品设计过程中，可以通过设计人员与消费者信息互动，强化个性化定制等服务促进设计创新。

2. 把握功能导向推进设计创新

不断提升产品功能是焕发传统工艺品牌活力的重要手段，要从目标消费群体的功能需求出发，实现多功能化发展。如对于陶瓷，可以划分为艺术陶瓷、日用陶瓷、礼品陶瓷等不同的类别，在设计时，可以根据不同的功能导向在外形、用料等方面进行差别化的设计，以满足不同消费者的需求。同时，在设计过程中，可以利用现代科技手段，不断优化各类功能，如利用计算机信息技术优化烟花火药配置，以改进燃放效果等。

3. 把握外观导向推进设计创新

外观是传统工艺品的重要组成元素，精美的外观设计能够有效增加传统工艺品的活力。在外观设计中，既要传承工艺品的历史元素，也要注重将现代元素融入其中，如对于烟花爆竹而言，可以通过将动漫人物印制于产品上改变外观，以此吸引消费者的注意力。

（二）管理创新降低运营成本

管理是提升传统工艺品牌竞争力的重要渠道，管理创新不仅能够提升产品品质，而且对于降低成本、提高效率也具有无可替代的作用。在推进传统工艺品牌创新发展的进程中，必须大力推进管理创新。

1. 大力推进行业管理创新

要着力改变行业无序竞争、假冒伪劣产品横行的局面，依托行业管理促进传统工艺品转型发展。要大力推进行业信用管理，依托长沙社会信用体系建设，大力完善传统工艺品生产、销售主体信息，完善企业信用更新制度，依托信用管理推动行业发展规范化。要大力强化行业执法管理，整合工商、税务、安监等部门力量，严厉打击各种侵权违法行为，净化市场环境，促进行业有序发展。要积极引导行业自律，鼓励成立行业协会，注重发挥文化产业协会的功能，优化行业发展环境。

2. 大力引导企业管理创新

要引导企业完善公司治理结构，积极引导企业进行流程再造，鼓励部分企业家族式、小作坊式管理企业，按照现代企业生产模式，完善组织架构，明确部门分工，优化职能设置，引导企业规范化发展。要积极引导企业战略重组，鼓励烟花爆竹、陶瓷等传统产业淘汰落后产能，引导有实力的企业通过战略重组的方式做大做强，形成一批有品牌、有实力的领军企业，带动产业规模发展。

3. 大力推进商业模式创新

要把握"互联网＋"技术革命带来的便利，大力引导商业模式创新。要积极发展分享经济，鼓励企业之间、行业内部不同区域之间信息的互联互通，资源共建共享，鼓励非物质文化遗产传承人、非物质文化遗产项目以及其他有特色的资源互联网化，将相关的工艺、技术传承创新，带动产业发展。

（三）技术创新提升竞争实力

紧跟新一代技术革命带来的便利，大力推进技术，以此带动产品竞争力的提升。

1. 完善以企业为主体的技术创新体系

企业是技术创新的主体，要积极强化企业在传统工艺品创新发展中的主体地位，积极引导企业组建研发中心，鼓励有实力的企业积极申报省级乃至于国家级研发中心，提高综合创新实力。要完善以企业为主导的产学研协同创新体系，组织一批关键核心技术攻关，实施一批产学研合作项目，推进一批科技成果产业化项目，加快培育一批高新技术企业，打造一批新产品。

2. 积极打造众创空间

根据国家《关于发展众创空间推进大众创新创业的指导意见》政策红利，将众创空间作为传统工艺品行业科技创新体系的重要组成部分，充分发挥政府在战略规划、政策法规、标准规范和监督指导等方面的作用，推动众创空间的发展。加强对众创空间的分类引导，积极利用"互联网＋"改造传统的孵化器、产业基地等创新创业服务机构；引导培训辅导、创业投资等专业化机构，行业领军企业、社会组织以及成功企业家等挖掘潜在资源参与众创空间建设。

3. 完善科技服务创新体系

把握传统工艺品行业的文化属性，大力实施知识产权战略，引导知识产权开发，加强知识产权保护，严厉打击各种侵权行为。加快构建以政府为主体的管理创新体系，通过政府引导、市场化运作，发展一批科技中介服务公司，引进和培育一批创业投资、风险投资等科技服务机构。设立科技成果转化引导基金创业投资子基金，建设一批科技企业孵化器，着力打造覆盖长沙传统工艺品产业发展和创新全链条的科技服务体系。

（四）传承创新壮大人才队伍

以专业人才、管理人才、技工人才三类队伍打造为重点，全面创新人才引进、培养与管理机制，打造富有活力的传统工艺品发展人才支撑体系。

1. 创新人才引进工作机制

针对传统工艺品人才断层、人才老化等问题，积极创新人才引进机制。创新高端人才引进机制，加大投入力度，制定包括安家补助、创业扶持、企业奖励和后续服务等在内的各项优惠政策，引进和选拔众多有影响力的领军人才、高级经营管理和研发人才、专业技术骨干人才进入传统工艺品行业工作。完善技工人才引进机制，积极利用进城落户、公共服务等政策吸引有技术的专业人才到长沙工作。

2. 完善人才培养机制

充分发挥长沙科教资源的优势，采取校企对接、订单培训、定向培训等形式，积极培育传统工艺品行业用得上、干得好的技能型专业型人才，有效解决企业用工结构性短缺矛盾。挖掘国家政策红利，积极利用国家转移农村劳动力、贫困地区劳动力以及持续推进城镇劳动力就业培训等政策，加大对接合作力度，将相关人才引入传统工艺品行业。

3. 健全人才管理机制

要优化人才发展环境，不断完善教育、医疗等配套人才管理体系，完善养老、社保等管理体系，营造有利于吸引人才、留住人才的管理体系。

创新人才激励制度，鼓励企业推进薪酬制度，完善传统工艺品行业职称评审制度，有效激发各类人才的活力①。

---

① 陶庆先. 传承创新中推动湖南传统工艺品行业品牌发展研究 [J]. 中国市场，2019（5）：130 – 131

第七章 面向全民：打造湖南网络产业品牌

湖南网络产业品牌主要集中在长沙。近年来，长沙网络产业走向了一条"从无到有，从少到多，从弱到强"的自立自强之路。2014 年，长沙移动互联网企业仅 400 余家，但到 2018 年，企业数量达到 2.6 万家，网络产业营业收入总额突破 900 亿元，成为继北京、上海、深圳、杭州之后的"移动互联网产业第五城"。长沙，这个曾经的互联网产业"洼地"，用短短 5 年时间向世界证明了其潜力，成功实现了跨越式发展，而今更应该珍惜成果、反思问题，继续发展网络产业，打造国内外著名的网络产业品牌，在未来的网络产业竞争中，占有一席之地。

一、长沙网络产业发展现状

经过多年的努力耕耘，长沙的网络产业得到了快速发展，自主培育并引进了一批国内著名的网络媒体、网络动漫企业、网络游戏企业、网络电商企业，并形成了各个领域内的规模经济，共同推动着长沙网络产业的繁荣发展。

（一）网络媒体产业朝气蓬勃

依托全国实力超群的省属湖南广播影视集团、实力不容小觑的市属长沙广播电视集团、中南出版传媒集团股份有限公司、湖南日报集团等传媒企业，长沙紧跟时代，积极拓展新旧媒体的融合，开拓网络新闻市场，占领舆论高地，打造主流媒体，取得了骄人成绩。在网络新闻媒体与数字视频产业等方面，捍卫着湖南广电在全国广电领域内的崇高地位，共同打造着"广电湘军"的响亮品牌。

长沙打造了一批知名度高、影响力广泛、产业规模庞大的网络新闻媒体。中南出版传媒集团股份有限公司不仅积极将《潇湘晨报》《快乐老人报》两家传统的报社数字化，而且大力打造并精心经营红网、大湘网、枫网三家网络新媒体。其中，红网在全国新闻网站中排名第九，在全国地方新闻网站中排名第一，是全国唯一一家连续三年蝉联中国新闻奖一等奖的网络媒体，而且实现了连续多年的盈利，而"红网云"平台的上线，"红视频"项目的启动，促使新闻整体向视频化转型，LED 联播网初步实现立足长沙、辐射市州和县市区的三级联播布局，在全国首创立体式户外千屏直播体系。枫网微信矩阵粉丝数接近 800 万。另外，与腾讯公司合作推出的大湘网，成为湖南本土最具影响力的生活门户网站。而荣膺"中国品牌媒体党报品牌 10 强"的湖南日报报业集团也打造出了华声在线、湖南在线等 10 家新闻网站，以"新湖南"客户端为代表的 100 多个"两微一端"，形成了影响力强大的新媒体矩阵。其华声在线网站，在全国新闻门户网站综合排名中连续 8 年稳居前五。2015 年 8 月 15 日上线的新湖南客户端，截至 2018 年年底已拥有 1 870 多万下载用户，位居全国省级党报客户端前列，荣获首届湖南省"文化创新奖"。作为省委在新媒体时代的核心媒体，"新湖南"正在成为宣传省委省政府重要政策的主平台、发布湖南信息的主窗口、推介湖南形象的主阵地、引导重大舆论的主渠道。

长沙的网络数字视频产业也取得了举世瞩目的亮眼成绩。其中，湖南广播影视集团旗下的芒果TV，取得了飞跃式发展，连续4年入选"世界媒体500强"，位列"亚洲新媒体品牌10强"，连续10年入选"国家文化出口重点企业"，芒果TV手机App下载安装激活量超8.59亿，日活跃用户近8 000万，稳居视频行业前四。2017年，芒果TV实现净利润4.89亿元，成为首家盈利视频网站，芒果超媒发布的2018年第三季度财报，芒果TV实现营业收入40.1亿元，同比增长85.8%；实现净利润6.16亿元，同比增长103.7%。在此基础上，吕焕斌将其形容为"在中国互联网界再造了一个湖南卫视"。

而近年来，数字视频产业方兴未艾，长沙正积极融合文化与科技，对标中关村，努力打造马栏山（长沙）视频文创园。马栏山视频文创园区将坚持"科文融合、跨界互动、创客云集、共生发展"的开发理念，以数字视频内容生产制作为核心，以数字视频创意为龙头，以数字视频金融服务、版权服务、软件研发为支撑，配套衍生数字视频设计服务、生活服务、视频电商、视频主题教育培训等全产业链集群，打造具有国际竞争力的"中国视谷"。截至目前，芒果超媒、中广天择、中南传媒等三家主板上市公司，湖南省首家文娱类视频产业众创空间"草莓V视"新媒体示范基地、陌陌科技、字节跳动（今日头条）、创梦天地、银河酷娱等一批国内知名视频制作企业的区域总部或重点板块相继落户马栏山视频文创园区，园区已聚集视频文创企业2000多家，实现就业3万余人。

（二）数字出版产业稳步向前

长沙出版业以纸质和数字出版、举办图书交易会和印刷产业博览会与建设书店等为重要发展内容，实现了全产业链产业的快速发展，被誉为出版湘军，而数字出版产业更是稳步向前。

中南出版传媒集团具有出版、印刷、刊行、报纸、新媒体等5个产业链，是湖南出版媒体的龙头企业，是国内有代表性的产业链全面的出版媒体企业，并在2010年顺利优化上市，是国内第一家全产业链综合上市的出版企业，连续11年进入中国文化企业30强行列，近年来，数字出版和IP运营持续深入。电子数字出版营收规模实现突破。公司引入旗下包括湖南红网新媒体集团、湖南岳麓书社、湖南电子音像出版社等产业入驻马栏山文创园区运营，同时申请挂牌"中南国家数字出版基地"，全力发展数字出版产业。基地产业涵盖数字产品创意、制作、出版及销售，数字平台运营、技术开发和海量数字信息处理等方面，将通过联合和培育一批在国内外有影响的大型数字出版企业，打造我国数字出版企业和数字内容运营企业集聚中心、数字版权认证维护中心、无线终端阅读内容制作中心、数字出版投融资中心和数字出版技术研发中心，全面建成拥有完整数字出版传输产业链，代表国家水平的数字出版基地。目前，它拥有1家实力强大的数字出版企业：天闻数媒科技（北京）有限公司。公司依托中南传媒深厚的内容积淀及内容策划生产实力和华为雄厚的技术力量，致力为数字教育及数字出版产业提供最专业的营销、咨询和技术解决方案，汇聚了来自出版、教育、互联网及IT行业的精英，重点开拓数字教育、大众数字阅读和政企学习市场。在数字教育方面，与中广传播集团达成三网融合创新教学平台及电子书包应用系统战略合作，完成电子书包研发，并在试验区进行电子书包产品试用，努力把试验区建设成国家级的示范基地。在大众阅读方面，全力建设中南数字资源库，与三大电信运营商手机阅读基地建立了良好的合作关系，在中国移动阅读基地MCP总排名中居传统出版集团（社）第一位。在政企学习方面，已获得千万级的订单。公司还成为国家电子书内容标准项目组副组长单位，承办国家科研课题，参与电子书标准体系的制定。项目建成后，拟引入公司旗下及外部数字化内容生产和发布、文化内容创新、版权运营等相关产业。

而身为民营企业，天舟文化于 2010 年在深圳证券交易所创业板上市，是中国民营出版传媒行业的第一家上市企业，连续三年入选"世界媒体500 强"，且是全国第一批对外专项出版试点企业之一（全国仅两家）。目前，公司除了以传统图书出版服务为主业之外，还涉及教育资源与服务、移动互联网娱乐、优秀传统文化的传承与传播三大领域，经营多元、业态多元、投资多元，已发展成为全国规模、实力均位居前列的大型民营文化传媒企业之一。另外，湖南省青苹果数据中心有限公司连续三年获评国家文化出口重点企业，其研发的"天山书猫""雪域书猫"等移动数字阅读项目成功入选"2016 年度中国十大数字阅读活动"。而教育社贝壳网注册用户超过 220 万，正式推出教育机器人小佳，获评 2018 腾讯网年度教育盛典大奖。中南迅智"A 佳考试"公众号粉丝超过 120 万。

（三）电子商务产业抱团崛起

伴随着消费渠道与消费观念的改变，长沙积极发展电子商务产业，实现规模发展，取得了显著成绩。2018 年，湖南省电子商务交易额首次突破万亿元，达 10623.10 亿元，同比增长 27.12%，继续保持较高速度增长，而长株潭（长沙市、株洲市、湘潭市）地区电子商务交易额则占到了全省电商交易额的 75%，占据着绝对领先地位。2017 年长沙电子商务产业蓬勃发展。全市实现电子商务相关交易额 5580 亿元，同比增长 30%。《长沙市电子商务产业发展"十三五"规划》《长沙市电子商务产业发展三年行动计划》相继出台。重点项目京东湖南"亚洲一号"、顺风电商产业园、唯品会湖南总部等纷至沓来。

长株潭的电子商务发展，集聚优势突出，形成集聚效应。2017—2018年，国家（商务部）电子商务示范企业共 8 家，长沙市有 5 家；2017—2018 年湖南省"电商百强"，长株潭地区有 59 个；2018 年，湖南蜜蜂哥哥蜂业有限公司、湖南中旺工程机械设备有限公司等 13 家长沙企业被评选为 2018 年度"湖南省电子商务示范企业"，醉仙网（湖南）电子商务有限公司、湖南森贝电子商务有限公司、湖南嘉德科技发展有限公司等 12 个长沙企业的电子商务项目被评选为 2018 年度"湖南省电子商务重点培育项目"。

长株潭的电子商务发展，门类齐全，有一定的知名度与美誉度。目前，长株潭的电子商务产业涵盖金属材料、社区电商、智能配件、家纺服装、美妆护肤、母婴用品、家用医疗器械、农村电商、旅游服务等领域，而且有些产品已经形成品牌效益。安克创新自行研发设计的 Anker 智能产品，行销全球，是亚马逊全球排名第一的单品品牌卖家，也是国内营收规模最大的跨境电子商务企业之一；御家汇将自主研发生产的"御泥坊"面膜等"淘品牌"打造成为最成功的网络护肤品品牌，通过电商全渠道销售至全国各地及广大海外地区，成为中国 A 股首家 IPO 电商上市公司。而且电商加快与传统产业融合发展。"触网升级 智慧市场""优商优品"培育工程等项目的实施，有力地促进了传统加工制造及商贸流通企业、重点产业园及产业带企业融网转型发展，推动"湘品出湘""湘品出海"。以兴盛优选为代表的本土社区电商平台企业快速发展，长沙社区电商规模和影响力进一步提升，长沙也因此被誉为社区电商之都，吸引了众多创投机构组团来考察，获得了今日资本等数千万美元投资。美团点评、饿了么等以餐饮外卖为主的生活服务类平台在湖南的发展也十分迅速，传统商家、店铺触网升级，平台客户订单数、销售额同比均有大幅增长。

近年来，长沙跨境电商快速发展，初步形成了以金霞保税物流中心、黄花综保区为跨境电商物流、通关核心区，以长沙高新区为产业、技术研发集聚区的产业发展布局。仅长沙高新区，就集聚了谷歌体验中心、网来云商、安克创新等 100 余家跨境电商企业。友阿海外购、森贝全球购、快乐购等本土电商平台发展态势良好。通过跨境电商，长沙的电子产品热销全球，世界各地商品也走进了长沙的百姓人家。跨境电商的发展创造了贸易新模式，引领了消费新趋势。由于长沙的跨境电商发展成绩显著，长沙成为国务院常务会议决定新设的 22 个跨境电商综合试验区之一。

而湖南省开放型经济领导小组办公室近日公布的第一批湖南省跨境电子商务试点企业名单显示，全省已认定的 51 家跨境电商企业都在长沙，涵盖线上线下通关服务平台、品牌商、中间交易商、物流服务商、零售商等。

（四）动漫游戏产业舞出新彩

2018 年湖南动漫游戏行业稳步发展，全省共完成电视动画 14500 分钟，制作动画电影 2 部，新上市运营手游 41 款，销售动漫图书 530 余万册，申请动漫游戏及相关类知识产权 1825 项，据不完全统计，相关业务年度总产值达 305 亿元；而且产业链价值得到一定延伸，拥有全景拍摄、安全教育应用、思维教学启蒙、拟真体验等 VR、AR 软硬件核心技术的一批企业取得新突破，电竞小镇、贝拉小镇、主题乐园等一批动漫游戏特色旅游景点建成运营。

而持续位居全国动漫游戏产业第一方阵的长沙，更是湖南省动漫游戏产业的核心力量，获得了快速的发展。2018 年度长沙动漫游戏及相关业务的总产值突破 275 亿元，长沙动漫游戏 VR 企业及机构近 600 余家。其具体表现在企业数量增加、原创产品增多和产业链延长、举办或者参加动漫游戏展等方面。

　　首先，企业数量增加。目前，长沙从事动漫、游戏及相关业务的企业、工作室达 600 余家，从事动漫游戏专业技术人才及相关从业人员约 8 万余人，上市企业 4 家，营收过亿的动漫游戏企业达 12 家。特别是在动画、漫画、游戏、动漫衍生品、VR 和 AR 技术等领域中，涌现出一批实力雄厚的新兴数字文化企业。其中，草花互动、山猫传媒、蓝猫动漫、漫联卡通、潇湘动漫、秒表文化、趣动互娱等是一批全国知名的优质文化企业。在"冲向次元 拥抱金猪"2019 第五届湖南动漫游戏产业年会上，长沙的湖南漫联卡通文化传媒有限公司、湖南华凯文化创意股份有限公司荣获"年度最佳品牌奖"，湖南聚梦网络技术有限公司、湖南医漫生物科技有限公司荣获"年度最佳新锐奖"，湖南映山红文化传媒有限公司荣获"年度最佳成长奖"，长沙秒表文化传媒有限公司荣获"年度最佳创意奖"，湖南草花互动网络科技有限公司、湖南山猫吉咪传媒股份有限公司荣获"年度最佳运营奖"，长沙趣动文化科技有限公司、湖南华视坐标传媒动画有限公司荣获"年度最佳创新奖"。

　　其次，制作出了一批优秀的原创产品。长沙的动漫游戏企业拍出了《蓝猫龙骑在天》《金刚山猫侠》《虹猫蓝兔七侠外传》《疾风劲射》《笨狼和他的小伙伴》《快乐摩登》《战斗吧灵兽》《奥特曼英雄归来手游》《少尉林旺》《山猫吉咪系列》《经典国学之中华美德》《战斗吧灵兽》《玉麒麟》系列等数十部优秀作品，而且向世界贡献了"虹猫""蓝兔"两个家喻户晓的经典动漫形象。其中，《虹猫蓝兔七侠传》《山猫吉咪》等多部现象级作品，出口到 80 多个国家和地区，《笨狼》动画片获得了"2018 年度十佳新锐动漫 IP 玉猴奖"，并在非洲 30 多个国家播出；《经典国学之中华美德》系列动漫视频版权输出美国。另外在原创漫画与游戏方面也获得一定的发展。伊点点公司的原创漫画《缘生花》，获得了有妖气、腾讯等各大平台的热载并引来各地影视媒体购买原著版权。而自主研发的十几款原创手机游戏已经上市发行，页游及手游的发行收入总额整体提升。

再次，产业链条逐步完善。近年来，在动画、漫画、游戏、动漫衍生品、VR 和 AR 技术等领域涌现出一批实力雄厚的新兴数字文化企业，长沙动漫游戏全产业生态链已基本形成，产业规模不断扩大，2018 年度长沙动漫游戏及相关业务的总产值突破 275 亿元，长沙动漫游戏 VR 企业及机构近 600 余家。动漫游戏产业生态链重点发展动漫游戏原创、卡通影视、衍生品、互动新媒体等产业业态，加强跨界合作。其中，蓝猫动漫与上海美术电影制片厂、深圳宝安区签约合作，拟在动漫电影生产、动漫科技园建设领域发力；银河动漫全力打造玉麒麟 IP 产业链，覆盖艺术素质教育培训连锁、主题公园、玉麒麟品牌游戏、综艺节目、舞台剧、主题餐厅等；渲一科技填补了湖南省动漫影视制作产业链中云端极速渲染服务的空白；华凯创意、善禧文化、华视坐标、欣之凯等代表企业跳出传统动漫生产模式，主攻品牌运营；同禾科技与金鹰卡通合作，将麦咭品牌与旅游、体验相结合，打造的浔龙河艺术小镇正成为湖南新的主题乐园。除此以外，动漫原创、服务外包、衍生品的开发、漫画出版等方面都有了大幅增长。

最后，举办或者参加动漫游戏展，加强领域内外交流。长沙国际动漫游戏展已经连续举办了 9 届，吸引香港原创动漫品牌、农夫山泉、上海哔哩哔哩、COSPLAY 中国、同道大叔、康师傅、心相印等境内外知名原创动漫企业、动漫出版发行机构、手游企业、动漫影视传播机构、衍生品生产厂家、玩具商等。参加"2019 中国—东盟博览会文化展和动漫游戏展"等动漫游戏展，向世人展示《金刚山猫侠》《炎之药灵师》等原创动漫影视作品与《战地指令》《塔防镇魂师》等精品手游。在举办与参展过程中，既加强了交流与学习，也向世人宣传了长沙的动漫游戏企业与产品，增加了知名度。

二、长沙网络产业的发展问题

虽然近年来长沙的网络产业得到了飞速发展，但还是存在着网络产业结构不完整、龙头企业带动差、网络人才匮乏、政府监管不力、政策落实不到位等问题，需要认真对待并积极对症下药。

（一）网络产业结构不完整，龙头带动差

经过多年的努力，长沙的网络产业得到了迅猛发展，结构得到了不断的调整与优化，互联网企业不断增多，但是目前看来，其产业结构还不够完整，互联网龙头企业较少且带动企业发展较差。

众所周知，网络产业主要包含数字文化产业与数字非文化产业两大部分，而包含网络游戏、网络视频、网络音乐、网络动漫、网络文学、网络娱乐、网络教育等门类的数字文化产业是重中之重，是国际与国家重点发展的产业之一。近年来，网络音乐、网络视频、网络文学、网络教育等网络产业异军突起，产生了巨大了经济效益与文化效益。其中，2018 年中国音乐客户端用户规模累计达 5.43 亿人，在线音频用户规模增速达 19.5%，相较于移动视频及移动阅读行业，呈现较快增速；网络视频中的短视频更是得到了年轻人的青睐。数据显示，2018 中国短视频用户达 5.01 亿人；中国知识付费用户规模呈高速增长态势，2018 年知识付费用户规模达 2.92 亿人。但是分析长沙的数字文化产业便可以发现，长沙的网络产业集聚在网络动漫、网络游戏、网络视频产业，单单聚集在马栏山视频文创产业园

的视频文创企业就有 2000 多家，但是在网络音乐、网络短视频、网络文学、网络教育等领域发展较慢，其数字文化产业结构存在着不完整的问题。

另外，虽然长沙的网络产业的发展速度与创新活跃度，名列全国前三，但是放眼全国，长沙还处于第二阵营，与"北上广深"存在很大差距。其中，与"北上广深"最明显的差距是缺乏腾讯、优酷、爱奇艺的龙头企业，而且也同样缺乏龙头企业的带动作用。目前，长沙虽然拥有上千家文创企业，也不乏百度、腾讯、京东、华为、中兴通讯、中国长城、中国移动、58 集团、映客直播等国内众多互联网领军企业将全国总部（第二总部）落户于此，但是互联网企业较为分散，没有大规模的企业，文化产业链并没有围绕龙头企业聚集、形成。

（二）网络产业人才匮乏，智力支持缺失

网络产业，特别是数字文化产业，需要大量的技术人才、文化人才、设计人才、管理人才、营销人才，特别是高端创意人才、高端技术人才、复合人才等，但是目前长沙的网络产业相对"北上广深"而言，较为匮乏，难以为产业发展提供强有力的智力支持。例如在网络动漫、网络游戏方面，需要一批动漫游戏策划、技术开发、设计合成、美术、网络维护、营销、售后服务、在线管理等方方面面的人才，但是长沙动漫游戏产业从业人员结构呈现"中间大两头小"的特点，制作人员多，但创意、营销人才等高端人才稀缺，特别是既熟悉生产技术、擅长原创，又善于经营管理的复合型人才相当缺乏，而且成熟的团队也成为稀缺资源。因此，动漫游戏的人才匮乏问题已成为制约长沙产业竞争力提升的"瓶颈"因素与长久发展的阻碍。

其具体原因，一方面是长沙自主培养的人才不能满足市场的需要。长沙虽然有湖南大学、湖南师范大学、中南大学等国内著名的院校培养传播学、设计学、艺术学、文化产业学等相关专业人才，但是与北京、上海等一线城市所在高校相比，差距也不小；且由于地理位置原因及发展前景较低，长沙高校有为数不少的自己培养出来的人才流失到北上广等一线城市，很难留得下高素质人才。另一方面，长沙在工资待遇、发展前景等方面，也很难从其他城市引进大量的人才。因此，在缺乏知名院校、留不住人才与引进不到人才的现状下，长沙面临的人才挑战注定是一场硬仗。因为没有人才，没有足够多的人才，没有具有创新精神与审美力的人才，没有擅长经营的人才，便很难发展网络产业。

（三）政府监管滞后，落后行业发展步伐

近年来，网络剧、网络综艺、网络直播、移动短视频等数字文化产业领域不断涌现新业态，在发展经济的同时，也存在着受旧制度制约或监管真空的情况，对政府的及时而有效的监管提出巨大的挑战。例如在音频、视频等细分领域涉及较多的证照，申请较为困难，但在新兴的网络直播领域，又面临着监管缺失的问题，门槛较低，低俗的内容较多。

另外，网络盗版等侵权行为仍然是制约网络产业，特别是数字文化产业生态良性发展的阻碍，而政府的监管也相对滞后。网络动漫、网络游戏、网络音乐等企业普遍反映，盗版现象仍然普遍，极大地损害了版权者的正当利益。例如，喜马拉雅的数字版权诉讼、阿里与酷狗、腾讯对网易数字音乐的版权之争、网络综艺《明日之子》《吐槽大会》侵犯李志歌曲版权等事件。究其根源，是我国的立法建设跟不上网络行业的发展步伐。而湖南卫视最新的综艺节目《亲爱的客栈》疑似抄袭《孝利家民宿》、

《我们那小子》疑似抄袭了漫威的片头与韩国的《我们家的熊孩子》，但湖南卫视以及湖南省政府、长沙市政府都没有进行调查并给出具体解释。这些涉嫌侵权的新媒体传播，极其不利于湖南卫视形象的塑造。

（四）网络产业政策落实乏力，阻碍发展

为了推动网络动漫、网络视频等数字文化产业的快速发展，湖南省政府与长沙市政府出台了《湖南省文化厅"十三五"时期文化发展规划》等一系列与数字文化产业相关的规划和政策。这些宏观或微观的规划与政策有利于产业的发展，但在具体的落实时，还存在着偏差。例如在建设长沙媒体艺术之都、马兰山文化创意聚集区（视谷）等项目的建设中，省市均缺乏具有实质性、能够落地的政策措施，以至于项目的推进一直停留在意识层面，无法及时的推进，不利于推动长沙数字文化产业的快速发展。

三、长沙网络产业的发展策略

针对长沙网络产业所存在的网络产业结构不完整等问题，应该积极优化网络产业结构、培养和引进网络高端人才、完善并落实网络产业政策加强监管、坚持长沙特色与加快产业融合等，通过一系列行之有效的举措，共同推动长沙网络产业的健康发展，向湖南、中国乃至世界贡献自己的产业发展经验、推广自己的品牌。

（一）优化网络产业结构，突出龙头效应

针对长沙面临的网络产业结构不完整与龙头企业引领作用不明显等问题，长沙应该继续优化产业结构，突出龙头企业的带动效应。

应积极布局网络音乐、网络文学、网络教育等产业，弥补长沙网络产业短板。在网络音乐方面，既可以依托以湖南卫视为中心的湖南广电传媒集团，培养音乐人才，创作原创歌曲，录播数字音乐，加强电视剧音乐、综艺节目音乐等的音乐版权交易，积极开发网络音乐客户端，走自主发展之路；也可以吸引腾讯音乐、网易云音乐等企业的落户，或者加强交流与合作，走借势与共生之路。在网络文学方面，应该依托实力强大的湖南出版传媒集团，加强线上与线下合作，推动传统书籍资源的数字化与网络文学资源的纸质化，满足不同的消费人群，更要加强 IP 运作，制作电影、电视剧、网络电影、网络剧等不同形态的视听产品，延长利益产业链；也应该考虑成立湖南网络文学相关的企业或者集团，创建网络文学网站，扶持网络文学创作者，培育良好的网络文学生态，也可以收购其他网络文学或者购买股权。在网络教育方面，应该紧跟知识付费潮流，充分利用湖南丰富的湖湘文化资源与教育资源，加强湖南大学等高校、湖南出版传媒集团、湖南乃至全国著名知识付费媒体等之间的合作，带动长沙知识经济的快速发展。

应继续引进省外网络产业方面的龙头企业且发挥其产业引领作用。目前，中兴通讯、京东、58 到家、360 企业安全、深信服等 30 多家软件和互联网、信息安全、通信运营等产业领域的知名企业，已在湖南长沙设立全国总部、区域性总部或第二总部。省外网络龙头企业以及其他一大批文化企业的引进，极大地丰富与提升了长沙文创产业结构，带来了新的活力。

但未来还应该继续引进效益高、可持续、科技含量高和创新能力强的龙头企业，而且以龙头企业为中心，打造产业链，产生品牌的集聚效应。

另外，为了促进长沙网络产业的结构升级与发展，还需要打造一批本土的优势企业与特色产业。应该继续扶持湖南广播影视集团、湖南出版投资控股集团、湖南日报报业集团、长沙晚报报业集团、长沙广电集团、三辰卡通、宏梦卡通、拓维信息、青苹果数据等一批在业界举足轻重的文化创意企业，使其影响力与知名度走出长沙与湖南，走向中国与世界。

总之，要坚持产业转型创新，坚持文化创意产业发展与自然环境、城市面貌相结合，充分发挥长沙文化资源优势、区位优势、品牌优势和比较优势，注重文化创意领域进行整合资源、重点扶持和引入项目以实现跨行业和跨区域转型和扩张，通过技术和资金的重整，最终实现传统产业向高新技术企业的提质改造。

（二）培养和引进网络人才，提供智力支持

在互联网时代，新技术催生了新平台，形成了新业态，培养了新用户，发展了新市场，而它们的出现离不开一批掌握了新技术、创造新业态的新兴科技人文知识分子。他们是新时代数字文化的创造者，文化改革发展的推动者，网络产业兴起的极具互联网基因的"新动力人群"。他们正以全新的理念积极拥抱数字文化和数字经济，致使互联网迭代加速，向分众化、移动化、视听化普及，各类资本、技术持续涌入数字文化产业领域，全方位、全角度、全链条改变原有文化生产方式。

因此，长沙发展网络产业离不开人才，且对人才的文化、技术与审美等要求更高。为了给长沙网络产业提供源源不断的智力支持，长沙应该坚持走自己培养与引进人才两条路径。一方面要以长沙市高校为中心、以湖

南省乃至西南省份高校为辅进行培养高素质网络产业人才。积极借鉴中国传媒大学、山东大学、北京电影学院等高校的丰富经验，加强高校文化产业、艺术、设计、软件、传媒、表演、动漫、游戏等专业学科的建设，重点培养一批在网络产业领域具有原创精神的拔尖创新人才、掌握现代传媒技术的专门人才、懂经营善管理的复合型人才、适应文化走出去与引进来需要的国际化人才，形成可持续发展的网络文化人才队伍梯队；另一方面，应该加快落实"文化人才聚集行动计划"和"高层次文化人才工程"，全面落实《湖南省"十三五"时期文化改革发展规划纲要》等政策中关于人才队伍建设的相关要求，从全国乃至世界引进一批有较大影响力与知名度的媒体人、文化学者、艺术大师、动漫知名人物以及文化产业领军人物等杰出人才，并实施媒体艺术名家工程、高层次国际传播人才培养计划、文化党政干部能力建设培训计划等建设项目。加强数字文化企业、高等院校、科研机构等之间的合作，共建人才培养基地，共同培养既具有扎实理论又具备实践经验的网络产业人才。

（三）完善落实网络产业政策，加强监管

身处在建设世界"媒体艺术之都"、发展网络产业的新节点与新起点上，长沙在大力发展文化产业的同时，应该重点发展网络产业的数字文化产业，并进一步完善相关制度与政策，从而通过政策的形式来重点、优先发展网络产业以及加强监管。

首先，要突出重点发展网络产业的重要性并制定合理的规划蓝图，增强发展网络产业的重点意识、中心意识。在培育并增强意识后，长沙应该出台宏观与微观层面相结合的规划蓝图。其次，积极探索适合数字文化产业的监管方式，建立适应互联网传播和用户创造内容趋势的内容监管机

制；建立健全文化市场警示名单、黑名单制度，构建以信用监管为核心的事中事后监管体系；改善行业管理规制，建设企业信用监管体系；进一步放宽准入条件、简化审批程序，保障和促进创业创新，更应该完善《知识产权》《网络安全法》等法律法规来严格监管市场行为，维护良好的市场秩序。再次，出台信贷、税收、补贴等方面的优惠政策，旨在通过长沙政府的经济调控手段来扶持新兴的网络产业。而且应该完善网络产业风险投资机制与扩大良性融资渠道。网络产业是一种具有高风险特征的创新型产业，大多数文化创意企业规模小、有形资产少、无形资产多。因此，很多网络产业相关的企业投入大而获益慢，需要资金投入的支持。因此湖南省政府、长沙市政府应该支持通过银行进行融资，也应该鼓励设立各种风险投资基金或者文化创意产业投资基金，允许银行之外的资金投入企业之中，而且要完善风险投资退出机制。能进能退，才能保护各方的利益，促进市场的正常化。最后，长沙政府应该明确自己的角色与职能。通过行政手段制定的产业政策，应该落实自己的行政服务职能、减少行政干预，将权力下放到互联网企业与专门人才手中。而且应该积极落实好相关政策，让企业满意的同事时得到企业的信任，长沙的文化产业才能有条不紊地健康发展。

（四）坚持打造长沙特色，凸显国际元素

在经济与文化全球化背景下，作为一个国家或民族核心竞争力的本民族文化，不论是对于促进本民族的发展还是保护世界文化的多样性，其作用都越来越重要。身为历史文化名城与现代化星城，长沙具有丰厚而独特的传统与现代文化。因此，发展网络产业，长沙应该珍惜并挖掘本土文化。一方面，积极保护并挖掘传统文化。开展重点文物保护单位的规划、

修缮工程，完善四级名录体系及保护机制，建设非遗项目库、专题数据库等数据库群，特别是要全面振兴湘剧、长沙花鼓戏等独具特色的长沙地方剧种，并带动京剧、木偶皮影等剧种的创新突破，更应该重点挖掘以铜官窑为代表的长沙瓷器。另一方面，打通传统文化与现代文化的壁垒，进行创意融合，将湖湘文化元素、文化符号与文化精神等积极融合在网络文学、网络动漫、网络游戏、网络文艺等形式中，并通过手机短视频、视听网站等终端传播。总之，应以本土文化为基，充分保护好与利用好长沙的传统文化，处理好传统与现代文化的关系并积极有效的进行融合，实现长沙网络产业的发展并凸显出独具一格的本土特色。

此外，在立足本土文化的基础上，长沙应积极地吸收世界上的优秀文化，增强网络产业的国际元素。积极参加国内外的网络产业活动，自觉地加入国际网络产业联盟中，主动地与世界进行交流与沟通，接触到最前沿的与网络产业相关的理论与实践，引进相关领域的国内外高端人才，从而在合作与竞争中，努力建设成具有独特风格与韵味的世界"媒体艺术之都"与网络产业之都。另外，长沙应该重视培养较为高端的国际网络产业企业，重视产业的国际化发展。在全球化网络产业的竞争中，跨国公司起到越来越重要的作用，但长沙乃至中国缺乏具有一流创新力与影响力的跨国网络产业企业，因此，长沙在积极吸收世界先进的媒体艺术等文化的同时，应该积极引进来与走出去，让网络文化越来越国际化，让网络产业企业具备更强的竞争力。

（五）促进网络产业融合，实现跨界效益

目前，产业融合与行业跨界已经成为经济发展的新常态。在发展网络产业时，长沙应该积极践行产业融合与行业跨界思维，延长产业链，实现

跨行业与跨品牌等方面的整合，获得多重效益。

因此，长沙一方面应该积极融合网络产业内部的不同行业，促进动漫与文学、游戏、影视、音乐等内容形式交叉融合，使其实现最佳效应。在网络媒体领域，应该推进内容资源的数字化转换和开发，运用大数据、云计算等新技术，开发建设以新闻客户端为主的新兴平台，运用4G、移动互联网等网络技术，整合线上、线下资源，拓展延伸产业链，开发形式多样、内容丰富、形象生动的应用工具，满足用户资讯、生活、服务需求，从而加快新旧媒体间、不同媒体属性间的融合，整合资源而建立全媒体集团；在网络文学、网络动漫、网络游戏、衍生品等领域，也应该进行有效融合，形成产业链。例如网络文学可以授权改编成网络动漫、网络游戏与网络影视剧，也可以纸质出版，而开发出的网络动漫、网络游戏、网络影视剧等，又可以进一步开发相关文创产品等衍生品。

另一方面，长沙应该加快推进网络产业与科技、传统文化、教育、金融等跨领域的融合发展。网络产业与科技的融合更是重中之重，应该充分发挥科技项目的支撑引领作用，研发一批具有自主知识产权的核心技术，推动高新技术成果向网络产业的转化应用，加强对传统文化产业的技术改造，重点培育虚拟现实等新兴文化业态，积极推进具有视觉沉浸式、体验动感式、交互多模式技术特征的虚拟现实产业建设。在传统文化方面，应该对优秀传统文化资源进行创造性转化和创新性发展，开发出具有鲜明区域特点和民族特色的数字文化产品；加强现代设计与传统工艺的对接，促进融合创新；提高文化场馆的数字化、智能化水平，带动公共文化资源和数字技术的融合发展。在教育方面，通过网络授课、网络培训、网络动漫与游戏融进教育主题等来实现知识付费经济。此外，还应该推进网络产业与先进制造业、消费品工业、现代服务业等实体经济的深度融合；推动数字文化在电子商务、社交网络的应用，与虚拟现实购物、社交电商、"粉丝"经济等营销新模式相结合；促进虚拟旅游展示等新模式创新发展；推动数字文化在农业、教育、健康等其他领域的集成应用和融合发展；推动数字文化产业纳入军民融合创新体系。

当然，长沙也应该跨国界整合网络产业资源，继续进行改革开放，坚持用引进来与走出去两条腿走路。通过举行梅溪湖国际文化艺术周、媒体艺术周、"一带一路"青年创意与遗产论坛等国际性活动，引进来先进的网络产业资源；积极践行网络产业走出去战略，通过走出去来提升长沙的文化竞争力和影响力，让长沙、湖南乃至中国了解世界，也让世界了解长沙、湖南与中国。

第八章　品质跃迁：培优湖南文化旅游品牌

　　品牌是建立在广大消费者对一个具体产品的认知基础上的，是对产品所形成的影响力的行为认知。良好的品牌建设可以传递产品信息、加强产品竞争力、提高产品附加价值。因此，建立旅游品牌已成为旅游业发展的一种必然趋势。湖南文化旅游品牌建设的实质是在充分开发旅游资源的基础上，展示城市旅游的良好风貌和文化，力求在旅游者心目中形成良好的印象，从而使人们对湖南旅游产生向往。

　　湖南旅游产业以文化为魂，品牌引领，由精品向经典品牌提升，打造了以"锦绣潇湘"为品牌的全域旅游，以"文化＋"的内涵提升旅游项目、旅游产品、旅游节庆的吸引力。

一、湖南文化旅游品牌发展概况

（一）自然景观资源促进湖南文化旅游品牌发展

自然旅游资源又称自然风景旅游资源，指凡能使人们产生美感或兴趣的、由各种地理环境或生物构成的自然景观。它们通常是在某种主导因素的作用和其他因素的参与下，经长期的发育演变而形成。

湖南的自然环境得天独厚。湖南地形高低起伏、没有一块完整的平原。它的主体是高山大湖，丘陵水洼。人们称之为三湘大地，这使湖南的地理变化多姿、五彩缤纷。北面是洞庭湖，三面象卷起的叶片；东面是江西罗霄山，西面是武陵山和雪峰山，南面是南岭。湖南的湘江、资江、沅水、澧水是这叶片的叶脉。在湘、资、沅、澧四水经过的土地上，典型的红色土壤上爬满了层层梯田，生长着绿油油的庄稼，孕育着多彩的民俗风情。这些遗产同时也是文化旅游业发展的资源优势。在湖南 21 万平方千米的土地上，蕴藏着丰富的旅游资源，形成了湖南的自然和文化资源优势。有"天水一色，气象万千"的洞庭湖和岳阳楼，有"五岳独秀"的南岳衡山，有民族始祖的炎帝陵、舜帝陵，有人文和自然景观相互辉映的岳麓山、韶山、花明楼；有陶渊明的"世外桃源"桃花源；有"亚欧大陆同纬度物种基因库"的壶瓶山；有世界自然遗产地张家界；还有马王堆汉墓和澧县城头山古遗址，走马楼竹简、里耶古城、秦简等考古发现；还有被誉为世界九大奇观的"矮寨大桥"……绝美的张家界、湘西古丈县的红石林、美得一塌糊涂的郴州高椅岭……每一处美景都以其独特的魅力吸引着大家，令人大开眼界，或叹为观止。湖南省共有等级质量旅游区246家，其中 5A 景区 12 家，4A 景区 94 家，在湖南这块 21.18 万平方千米的土地上，蕴藏着十分丰富的旅游资源。湖南也是少数民族众多的省份之一，民俗风情浓厚，形成了湖南得天独厚的资源优势。

（二）人文资源促进湖南文化旅游品牌腾飞

湖南的特色文化历史悠久，在很多人心中早已根深蒂固，为世人留下了许多宝贵的历史文化遗产。独特的旅游、文化资源是文化旅游品牌发展的最好突破口，湖南五块特色文化"金字招牌"，吸引着世界的目光。

（1）红色文化。"伟人故里，红色热土"，湖南是一片有着光荣革命历史的红色土地，是中国共产党和中国革命的重要策源地之一。红色文化滋养湖南生命力，催生湖南凝聚力，激发湖南创造力，培植湖南竞争力，激励着湖南人民永不自满、永不停息，在各个不同的历史时期不断地超越自我、创业奋进。毛泽东故居、宁乡花明楼的刘少奇的故居，岳麓山的爱晚亭、清水塘纪念馆、橘子洲公园等，这些景点在中国都享有很高的知名度，为湖南打造红色旅游品牌打下了坚实的基础。

（2）民族民俗文化。湖南因为拥有丰裕的自然文化资源而具有发展生态文化旅游产业的"先天"比较优势，如湘西北的张家界、凤凰等地，位于湖南省西北部武陵山脉，历史上为"五溪蛮"之地，素有"神秘湘西"之美誉。湖南拥有着八个少数民族自治州、县，多民族之间呈典型的"大杂居、小聚居"分布格局，各民族民风淳朴，民族特色鲜明，文化独特，历史悠久，蕴藏着深厚的民俗体育文化。

（3）历史名人文化。湖南历史名人文化资源异常丰富，从近代开始，湖南人物在中国历史上群星荟萃，形成了多个时期的人物集群：嘉道时期以陶澍、魏源为代表的经世派人物群体；咸丰年间以曾国藩、左宗棠为领袖的湘军人物群体；晚清维新变法时期以谭嗣同、唐才常、熊希龄为代表的维新派人物群体；辛亥革命前后以黄兴、宋教仁为代表的资产阶级革命派人物群体；以及新民主主义革命和社会主义建设时期以毛泽东、蔡和森、刘少奇为代表的无产阶级革命家人物群体。如果用"寥若晨星"形容湖南古代人物之稀罕，那么用"灿若繁星"来描绘近代以来湖南人物之兴盛就恰当不过了。

（4）古城古村落文化。湖南自古以来就是南北交通枢纽，又是历史悠久的文化宝地，全省古城古村落资源丰富，凤凰、张谷英村就是其中的代表。2017 年 5 月底，"2017 最美古村落"榜单在第十三届文博会上发布，湖南共有 6 个古村入选，它们分别是：祁阳县潘市镇龙溪村、永州零陵区富家桥镇干岩头村、双牌县理家坪乡坦田村、辰溪县上蒲溪瑶族乡五宝田村、会同县高椅乡板染村、岳阳县张谷英镇张谷英村

（5）始祖文化。据考证，史前时期湖南地区就有远古人类活动，被称为中国农业文明始祖的炎陵神农氏墓葬在湖南炎陵，中华文明的始祖舜帝虞姚氏墓葬在湖南宁远。炎陵县将"打造炎帝旅游文化品牌"作为"旅游活县"战略中的特色名片之一。近年来，以炎帝陵为中心全方位展示了祭奠文化、农耕文化及炎陵风情，成功举办了炎帝陵祭祖大典、海峡两岸炎帝神农文化祭等大型祭祖活动，使得炎陵"炎帝文化品牌"影响力不断提升，成功入围湖南文化旅游产业重点县。宁远以"舜文化"独一无二的品牌优势，把"旅游立县"列为全县两大发展战略之一，修复扩建舜帝陵，并成功打造了以"公祭舜帝大典"为载体的旅游文化活动品牌，使舜帝陵成为全球华人祭祖朝圣大地。

独特的人文地理资源，为湖南发展文化旅游提供了良好的契机。湖南因势借势，打造了 13 条文化生态旅游融合发展精品线路、46 个湖湘风情文化旅游小镇、31 个国家全域旅游示范区、70 个旅游资源重点县、500 个特色旅游村。"芙蓉国里尽朝晖"，"锦绣潇湘，处处美景"，南岳衡山祈福之旅、岳阳楼名楼之旅、韶山红色之旅、张家界自然之旅、凤凰民族之旅、芷江正义之旅等，以 35 个全域旅游示范县为点；以长岳、张崀桂和郴广 3 条旅游走廊为线；以湖南为中心，以张家界为龙头，以"一带（湘江旅游带）四圈（长株潭、环洞庭湖、大湘西、大湘南）"为骨架区域旅游发展布局，点线面全面铺开，湖南文化旅游品牌获得大发展。

（三）湖南文化旅游品牌形象精确布局，成效显著

（1）湖南文化旅游品牌构建"一带四圈"的全域旅游骨架。一带，湘江旅游带。湘江是流经湖南省的最大河流，水系发达，流域面积大，沿河分布着永州市、衡阳市、株洲市、湘潭市、长沙市、岳阳市6个大型城市，还有散布于整个流域的众多中小市镇，它们共同演绎见证了湘江流域社会结构的深刻变迁。旅游作为绿色产业，在湘江规划中发挥着重要的作用。在湖南省委省政府把湘江打造成"东方莱茵河"的品牌目标引领下，湘江沿线主要城镇陆续开始建设沿江风光带。四圈，长株潭、环洞庭湖、大湘西、大湘南旅游圈。长株潭旅游圈，包括长沙市、株洲市、湘潭市，重点发展以文化旅游、商务旅游、休闲度假为特色的品牌都市休闲旅游，将其打造成为我国中部地区重要的旅游集散服务中心、特色旅游商品及装备制造生产基地和长江中游城市旅游产业发展核心区。环洞庭湖旅游圈，包括岳阳市、常德市、益阳市，重点发展湖泊旅游度假、文化体验旅游和旅游装备制造，将其打造为国际知名品牌湖泊型旅游目的地。大湘西旅游圈，包括张家界市、湘西自治州、怀化市、邵阳市、娄底市，重点发展生态观光、休闲度假、民俗体验、文化考察、健身娱乐等品牌旅游产品，将其打造为国际知名生态文化旅游目的地。大湘南旅游圈，包括衡阳市、郴州市、永州市，重点发展休闲度假旅游，将其打造为集自然观光，文化体验、生态度假、康体养生、生态宜居等功能于一体的生态文化休闲度假旅游目的地。

（2）着力打造十二个旅游主体功能区与31个"国家全域旅游示范区"。《湖南省旅游业"十三五"发展规划纲要》明确，重点推动十二个旅游功能区建设，包括长株潭都市休闲旅游区、张家界国际生态旅游度假

区、环洞庭湖湖泊度假旅游区、韶山红色经典旅游区、崀山生态文化旅游区、南岳祈福康养旅游区、凤凰文化体验旅游区、炎陵神农文化旅游区、九嶷山生态文化旅游区、东江湖休闲度假旅游区、雪峰山生态文化旅游区、梅山文化体验旅游区。重点打造 31 个"国家全域旅游示范区"。截至2016 年 11 月，湖南省共有"国家全域旅游示范区"31 个，这 31 个"国家全域旅游示范区"有丰富的旅游资源和坚实的基础，并有国家和地方政府的政策、资金等支持，在全域旅游基地的建设中将起到非常重要的作用。通过国家全域旅游示范区的重点打造，推动旅游业由"景区旅游"向"全域旅游"发展模式的转变，树立旅游业战略性支柱产业的形象。进一步扩大"锦绣潇湘、快乐湖南"总体旅游品牌形象的影响力，优化旅游产业发展布局。以长沙为中心、张家界为龙头，促进长株潭、大湘西、大湘南、环洞庭湖四大旅游板块协调发展，着力打造湘江旅游带、京广高铁旅游带、沪昆高铁旅游带、大湘东旅游带、大梅山文化旅游带、环洞庭湖旅游带、湘南山水人文旅游带、湘西南生态旅游带等 8 条黄金旅游带，构建"一个中心、一个龙头、四大板块、八条黄金旅游带"的总体格局。

二、湖南文化旅游品牌发展瓶颈

湖南文化旅游品牌的建设已经取得了一些成果，但是还存在旅游整体品牌形象尚不鲜明，旅游产品的市场竞争力、品牌的知名度和影响力需要进一步提升等问题。如何将湖南文化旅游品牌进一步建立健全，形成优化机制，把湖南文化旅游的发展推向新的高度，是当前文化旅游发展需解决的问题。

（一）"文化＋旅游品牌"发展理念有待进一步提高

目前对品牌竞争的意识还仅仅停留在产品品牌和企业品牌的阶段，而对建立旅游地品牌这样一种区域性旅游整体发展战略举措还缺乏足够的认识。对湖南文化旅游品牌的建立过程将会逐步完善旅游品牌发展的理论，促进旅游品牌形成科学的发展战略，满足旅游消费者的不同需求。在湖南旅游产业的发展中，关于文化旅游品牌建设的意识在不断加强。但对文化旅游品牌的理解运用，许多地方、部门还停留在浅层面上，文化旅游品牌的建设带有较大的盲目性和随意性，体现在具有国际重大影响力的文化旅游品牌不多，文化旅游品牌在促进城市更新、提升城市形象方面的作用还有待进一步提高。一些旅游景区，由于不懂"文化＋旅游品牌"定位的重要，所以对市场调研马马虎虎，简单地做出品牌定位。如张家界最初定为"风景秀丽张家界"这样的品牌定位怎么能吸引人们的目光呢。这样的情况在某些旅游景区、景点常常出现。一模一样的旅游商品、大同小异的公园和游乐场，溶洞里配备一样的灯光，饭店、宾馆也无特色，甚至连标识、导游指示牌都近似雷同。展示给游客的是相似的面容，缺乏自身文化特色的产品竞争力，未能产生品牌效益。旅游品牌定位一定要有文化个性，创意要鲜明，才能得到市场的承认。

（二）忽视文化旅游品牌发展规律，造成恶性无序竞争

文化旅游品牌为地方旅游产业经济发展产生的效益作用愈来愈明显，在经济利益的驱使下，各地纷纷抢占文化旅游品牌，为发展本地经济所用

打起了"文化品牌官司",极大破坏了湖南文化旅游品牌的整体形象宣传,不利于各地旅游品牌的成长。湖南邵阳、怀化、永州等地区,有大量的旅游资源,但没能得到开发,特别是武陵山区,虽与湖北、贵州、重庆交界,但一半以上的人口都在湖南境内,开发潜力很大。湘西凤凰是一个小小县城,每年却要接待几百万旅游者,每天平均接待2万多。湖南旅游大部分地区目前仍然是观光旅游为主,模式老化,游客集中在"十一"黄金周,景区消费主要是门票,门票占游客旅游消费的1/3,而且多数在景区停留时间过短,住宿、购物类占总消费比重很低,文化对旅游带动作用不大。旅游资源的个性开发存在文化内容不足,大旅游观念滞后,没有鲜明的总体形象。旅游产品的开发不快,不能把众多的游客疏散到周边景区。如张家界,旅游缺乏多样性。游客除了爬山、睡觉外,无别的文化活动选择。因此,要将单一型向复合型转变,打造更多的文化旅游产品,如文化休闲度假型的酒店、农家乐;养生保健型的球场、健身场所;特色文化购物场所等。这样就能留住游客,更大地满足游客旅游的消费需求。还可以通过各类神话、故事、传说,将它们开发成为文化旅游产品。

(三) 文化旅游产品的整体吸引力不强,文化品牌影响度有限

湖南文化旅游资源丰厚,资源型品牌在全国具有很高的知名度,但是打造成为在国际国内旅游市场上具有号召力和影响力的旅游产品品牌却屈指可数,在湖南已有的文化旅游品牌中,经济效益不太理想。呈现出"有世界级资源,无世界级产品,更无世界级品牌"的现象。由资源转化为产品的能力偏弱,由产品转化为品牌的能力更为薄弱,对旅游目的地旅游产

业链和衍生产品的开发远未形成聚合效应和磁场效应。

（四）文化演艺品牌可以得到更大的发展

　　湖南现有文化演艺旅游品牌的综合效益不高，品牌衍生产品少，产业链不完整，影响带动力弱。湖南发展旅游演艺起步早，发展快。张家界旅游演艺发展最早，也发展最好的，正努力打造成为"中国旅游演艺之都"。2010 年，首批旅游演出类《国家文化旅游重点项目名录》全国 35 台节目入选，其中湖南占据 3 项，湖南长沙的《梦幻之夜·又唱浏阳河》、张家界的《天门狐仙》和《魅力湘西》名列其中，在全国旅游演艺市场形成了较大的影响力。湘西州、湘潭、怀化相继推出《烟雨凤凰》《中国出了个毛泽东》《烟雨洪江》。凤凰推出森林实景演出《边城》、郴州推出《飞天苏仙》。至此，湖南旅游演艺整体上形成了长沙《芙蓉国里》、湘潭《中国出了个毛泽东》、郴州《飞天苏仙》、张家界《魅力湘西》《天门狐仙》、凤凰《烟雨凤凰》、怀化《烟雨洪江》等影响力较大的旅游演艺品牌的整体空间布局。然而，文化演艺的内容编排和演出制作趋同化，旅游演艺产品质量有待提高。张家界旅游演艺发展的鼎盛时期，8 台演艺节目中有 6 台演艺节目集中在核心景区武陵源。一方面，旅游演艺节目的主题趋同，存在单一、雷同的现象，均取材于湘西民族文化，展示湘西土家族和苗族的风物人文，总体构思、节目创意、编导手法、制作手段上大同小异。另一方面，为了生存和发展，各企业展开了激烈竞争，甚至采取了恶意削价竞争等手段来争夺客源，市场竞争无序。第二，旅游演艺品牌营销乏力，品牌知名度和美誉度有待提高。多年来，绝大多数湖南旅游演艺企业的品牌营销也还停留在传统阶段，市场机制运作不完善，新兴营销方式匮乏，与当前互联网时代和智慧旅游的发展及旅游消费者的期望还存在较大差距。同时，旅游演艺企业大多还停留在传统的销售渠道组织上，大多采取与旅行社分票房、给导游返点的方式争取游客。而新兴的网络销售渠道和新媒体渠道的应用还远远不够充分。第三，门票收入来源单一，投资效益有待进一步增强。绝大多数旅游演艺产品投入大，投资动辄上亿，且建设和投资回收周期长，加上目前旅游演艺产品收回投资的唯一渠道是门票收入，投资风险大。

三、湖南文化旅游品牌发展对策

(一) 构建龙头性的文化旅游产品品牌

品牌演化的本质是品牌结构的调整、重组与升级。不同类型的旅游品牌，演化过程中的动力因素有所不同，但归结到品牌要素来说，主要动力因子有特色资源、基础设施、产业结构、政府与规划及市场需求等。不同类型的品牌形成过程，其动力因素的核心、组合及各要素所起的作用有所差异。制定科学规划，才能实现文化旅游品牌的可持续发展。应尽快制定湖南文化旅游品牌形象总体规划，构建文化旅游品牌发展的系统工程，确定文化品牌的价值体系。在品牌发展中兼顾各品牌之间的利益，针对122个县州市的资源禀赋，凭借其独特的资源取得先发优势的品牌要重视保护，树立起来的城市文化旅游品牌，要引导突出特色。由政府出面施以行政手段，对品牌发展的不平衡性进行干预与规划调整。注意培植新兴文化品牌，对竞争力不强的品牌或处于老化状态的品牌应进行升级换代，强化市场竞争能力。湖南应该充分挖掘利用其中最具特色的资源，选准城市主题文化的切入点，通过地方化促进国际化，让湖南真正成为世界的旅游目的地。

（二）创新文化旅游产品设计

重视城市历史文脉，抢救、保护和振兴传统文化旅游资源。在城市高速发展的冲击之下，传统文化或者被破坏或者被淘汰而日渐凋零，大量宝贵的历史文化资源在"现代化"的名义之下、在推土机的碾压之下荡然无存。因此，湖南文化旅游发展的当务之急要采取措施，加强对传统文化资源的抢救、保护和振兴，重点是历史街区、特色建筑、文物古迹、"老字号"品牌、名人故居等历史文物遗迹，尽可能避免在老城区改造中大拆大建。要支持"老字号"文化企业的发展，扶持非物质文化遗产的发展，并积极推动其与旅游相结合，形成新的文化品牌号召力。旅游业是一项精品工程，需要有大项目做支撑。为此，湖南应当坚持把文化旅游项目精品作为拉动旅游业发展的第一动力，以创新项目促进文化旅游业大发展。通过优质文化加旅游景点的组合，精编品牌特色旅游线路，加快湖南境内考古遗址公园如城投山、铜关窑的开发建设，打造成世界级的人文景观。充分挖掘、利用马王堆古汉墓资源，打响马王堆品牌。全面启动自然遗产风景区创5A工作，提质湖南景区等级。尤其是汉墓、故居类旅游胜地要全面启动世界文化遗产申报工程，尽快促成"物址合一"，努力打造一个与西安兵马俑相媲美的世界级旅游品牌。大力整合资源，打造一批叫得响、推得出的文化旅游强势品牌，彰显山水洲城的特色景观，形成"潇湘处处即美景"的景象。

（三）挖掘城市主题文化，引领文化旅游突破发展

主题文化是在对城市人文特质资源、自然特质资源和经济环境特质资源进行系统开发和利用的基础上形成的一种文化形态，是提升城市核心竞争力的重要手段，是引领城市旅游发展转型的关键点。充分挖掘利用城市主题文化打造旅游品牌形象，凝练形象形成口号，成为新的城市文化标志、文化精神和文化根脉；带动文化旅游产业发展，成为推动城市旅游发展的软实力。旅游经济是一种眼球经济，国际旅游城的形象是强化硬件软件"干"出来的，也是搞好宣传促销"促"出来的。发展大旅游必须大投入，大旅游必须大宣传。国内旅游业发达的城市每年的旅游宣传营销经费都在几千万元以上，目前全国有近20个城市竞相在中央一台《朝闻天下》《午间新闻》《新闻联播》栏目打旅游广告，效果显著。如大连每年仅在中央电视台的旅游城市形象广告费便高达6000万元，通过大力宣传，大连"浪漫之都"名扬中外。鉴此，湖南应进一步加大对旅游产业的投入与宣传，以"芙蓉国里尽朝晖"为主题，重点在中央电视台、湖南卫视和境外强势媒体单独推出湖南文化旅游城市形象宣传广告，全力营销湖南"锦绣潇湘"的城市形象，让"锦绣潇湘"的湖南誉满中华、名扬天下。每年推出系列旅游节会活动，尤其要策划举办国际旅游文化节会活动，如策划举办湖南国际娱乐旅游节、世界娱乐名城大会等，做到"月月有活动，季季有高潮，天天都精彩"，为广大游客和市民打造一个名副其实的"快乐之都"。

（四）强化工作措施，推进文化旅游品牌建设

推进湖南文化旅游品牌建设的工作措施主要包括：科学指导，制定文化旅游品牌建设专项规划；创新工作机制，出台全省文化旅游品牌建设指导意见；配套资金经费，设立文化旅游品牌建设扶持资金；责任考核，制定文化旅游品牌建设任务分解书；培养人才，举办文化旅游品牌建设专题培训班；深化研究，把握文化旅游品牌建设内部规律；扩大宣传，形成湖南文化旅游品牌建设的浓厚氛围，力争取得实效，打造文化旅游品牌建设的新亮点。体制问题是做大湖南文化旅游品牌建设的瓶颈。文化旅游资源的开发利用涉及文物、园林、宗教、旅游等多个部门，既有权力交叉，也有管理漏洞，部门之间的利益矛盾难以协调。必须把体制机制改革放在更加突出的位置，以所有权、管理权和经营权分离为突破口，积极探索文化旅游资源品牌一体化管理，实现文化旅游品牌的统一规划和开发管理。一是成立湖南文化旅游品牌管理委员会。加强对湖南文化旅游品牌发展战略研究，推动文化旅游品牌发展规划的实施，使湖南文化旅游产业的发展向着良好有序的方向进行。二是建立文化旅游品牌目标管理考核责任制。将文化旅游品牌项目建设和扶持文化旅游重点品牌企业等各项旅游工作纳入市政府对区、县（市）工作考核的一个重要内容，对全省旅游产业发展贡献突出、成效显著的市州县政府、涉旅文化企业及先进个人的，要给予文化产业引导资金、旅游发展专项资金等各类资金的支持。

（五）依托市场主体，培育文化旅游品牌竞争实力

构建有持续成长性和核心竞争力的文化旅游品牌，除了政府的大力支持推动外，还要依靠文化产业集团乃至产业集群来运作，没有资金雄厚、技术先进、管理高效的龙头企业和拳头产品不断跟进联合宣传促销，在激烈的市场竞争中，文化旅游品牌很难立于不败之地。因此，一是需要积极培植文化旅游市场主体，整合优势资源，组建旅游产业集团。通过文化发力，品牌助推，提升核心竞争力，做大做强湖南文化旅游品牌体系。二是整合文化旅游资源，开发以体验式旅游为重点的特色文化旅游产品。"文化体验"是旅游的本质，更是旅游者的理想。通过推行"文化体验式旅游"，帮助更多游客获得全身心的独特文化体验，实现真正理想的心灵旅游。一个没有文化特色的城市是缺乏活力和吸引力的城市，打造世界旅游目的地更是如此。围绕"文化体验式旅游"，湖南需设计出轻松、刺激、新颖、人与自然融为一体的体验性强的文化旅游产品，充分挖掘湖南文化底蕴，大力开发具有湖南特色的旅游产品，用特色品牌拉动大旅游。

（六）以"锦绣潇湘"文化旅游品牌为基础，实现品牌的扩大延伸

以文化旅游品牌建设为载体，丰富"锦绣潇湘"核心文化内涵，创新并形成湖湘特色的旅游服务文化。一是通过文化形象品牌的引领和外溢功能，使文化旅游产业行为成为地域文化行为，从理念文化成为全社会文

化，在商业贸易、媒体传播、金融、信息、交通运输等服务业部门形成内涵突出的"锦绣潇湘"服务文化，进一步提升湖南地域文化形象的知名度和美誉度，充分发挥文化旅游品牌的龙头示范带动作用，不断增加湖南旅游产业的核心竞争力。二是树立大旅游理念，推进文化旅游产业与第一、二产业的融合与互动。形成"大旅游，大产业，大市场"的共识，与文化、体育、工业、科技、林业、商务、水利、地质、环保等部门的合作，共同推出体育旅游、生态旅游、演艺旅游、购物旅游、餐饮旅游、康体旅游、教育旅游、地产旅游、动漫旅游、特色旅游城镇等新型业态，推动品牌升级，打造多元化、市场化、国际化的产业体系。

参考文献

［1］陆林，朱申莲，刘曼曼．杭州城市旅游品牌的演化机理及优化
［J］．地理研究，2013.

［2］彭民安．促进长沙动漫产业集群发展的政府行为模式与战略选
择——基于沪、杭、长三市的比较研究［J］．经济研究参考，2007.

［3］王佳．动画形象与品牌塑造之关系研究［D］．山东大学，2010.

［4］王永昌．新时代高质量发展呼唤高素质的浙商［J］．浙江社会
科学，2018.

［5］黄剑，谭中．金融如何更有效地支持湖南文化产业发展［D］.
金融经济，2013.

［6］杨利．游客满意度休闲农业园开发的实证［J］．求索，2013.

［7］李健美．物流网络设计对零售业全球供应链的优化［D］．首都
经济贸易大学，2009.

［8］易慧敏．浅析 Disney 品牌营销［D］．西南财经大学工商管理学
院，2012.

［9］王万兴．动漫衍生产品的互动性研究［D］．景德镇陶瓷学
院，2011.

［10］黄恩浩．板式家具的设计理念及其美学价值研究［D］．沈阳建
筑大学，2011.

［11］范建华．中国特色文化与特色文化产业论纲［D］．华中师范大

学国家文化产业研究中心，2017.

　　［12］王宇．中国图书出版企业（集团）信息化评价研究［D］．武汉大学，2011.

　　［13］邓伍英．长沙动漫人才培养的问题及对策研究［J］．艺海，2014.

　　［14］肖洋．我国数字出版产业发展战略研究［D］．南京大学，2013.

　　［15］徐平，包路芳．建设宏大的文化人才队伍［J］．人民论坛，2011.

　　［16］林峰．中南出版传媒集团数字化出版实施方案设计［D］．中南大学，2013.

　　［17］雒树刚．深入贯彻习近平总书记系列重要讲话精神和中央决策部署 实现文化产业成为国民经济支柱性产业［D］．文化部，2016.

　　［18］贺培育，黄海，周海燕．发展湖南文化创意产业的思路及对策［J］．湖南城市学院学报，2012.

　　［19］黄高荣．长沙建设"一带一部"核心区的思路与对策［J］．湖湘论坛，2015.

　　［20］刘万军．"湖南文化现象"对河南文化产业发展的启示［J］．河南广播电视大学学报，2012.

　　［21］王晶．从宜家视角看家具用品的品牌传播研究［D］．华南理工大学，2011.

　　［22］方德运．深化文化体制改革中广电的发展趋势及着力点［J］．声屏世界，2012.

　　［23］杨琼华．云南加快推进文化创新的路径研究［J］．云南行政学院学报，2013.

　　［24］郝仕芳．长沙市全民健身中心建设投融资策略研究［J］．体育世界（学术版），2018.

［25］吕杰．体面劳动与人的发展［J］．江汉大学学报（社会科学版），2011．

［26］权京珍．中国高档童装品牌营销策略研究［D］．东华大学，2012．

［27］周慧 周丽洁．论旅游管理本科专业的特色化建设——以长沙大学为例［J］．长沙大学学报，2009．

［28］王婷婷．浅谈长沙市休闲文化特色［J］．中国集体经济，2008．

［29］屈辰，韩冰，赖雨晨，胡旭．促进创业，政府可以做什么［J］．瞭望新闻周刊，2015．

［30］冷淑莲 江野军 冷崇总．改革以来农民收入状况的实证分析［J］．价格月刊，2005．

［31］李华．关于金融支持湖南文化产业发展的思考［D］．金融经济，2013．

［32］魏婉茹．我国城乡二元经济结构浅析［J］．经贸实践，2018．

［33］毕敏．百果园农庄［J］．湖南农业，2013．

［34］魏翔．哪个城市最幸福 中国城市幸福大排名［J］．中国经济周刊，2012．

［35］蒋旻．基于价值链的药膳餐厅商业模式分析［D］．复旦大学，2009．

［36］郑星．武汉市大型零售商业设施空间布局研究［D］．华中科技大学，2005．

［37］王志东 闫娜．山东文化旅游品牌战略研究［J］．理论学刊，2011．

［38］彭庆庆．长沙市生态旅游开发研究［D］．湖南大学，2010．

［39］刘辉．城市国际化的评价指标体系研究［D］．中南大学，2010．

［40］宋立新．长沙城市形象 CI 塑造的定位研究［J］．湖南商学院学

报，2003．

［41］雷慧，欧阳新辉，何鹏超．基于 SWOT 分析的长沙体育旅游发展分析［J］．体育科技，2011．

［42］谢涤湘，朱竑．创意产业的发展构想与老城区更新——以广州市荔湾区为例［J］．热带地理，2008．

［43］陈溥．浅析长沙文化产业国际化发展战略［J］．中外建筑，2012．

［44］李苏，周仁清．三亚旅游文化品牌建设及其可持续发展［J］．热带农业科学，2010．

［45］王建中．企业管理力量系列之二——品牌的力量——让产品说出话来［D］．品牌，2012．

［46］王应龙，言迎，谢丁．长沙、株洲、湘潭三市旅游资源整合研究［J］．内蒙古农业科技，2009．

［47］李树民，支喻，邵金萍．论旅游地品牌概念的确立及设计构建［J］．西北大学学报（哲学社会科学版），2002．

［48］陈胜容 李国庆 王淑娟 宋惠敏．环京津休闲旅游产业带特色品牌的构建［J］．唐山师范学院学报，2012．

［49］胡敏姿．湖南省演艺产业发展现状与推进策略研究［D］．湖南大学．2013

［50］朱有志 蒋祖烜编著．湖南文化创意产业发展研究报告（2012）［M］．湖南人民出版社．2013

［51］张玲．演艺湘军步履正健［N］．中国文化报．2012.7.11

［52］王晓红，许泽群．"演艺湘军"的全球化冲动［N］．中国经济时报．2013.8.26

［53］孙俊明．做强演艺产业，助力打造中国"演艺之都"［N］．杭州（周刊）［N］．2018.11.15

［54］李友志．积极巩固改革成果 努力繁荣演艺市场［J］．新湘评

论．2012（9）

［55］罗栋，程承坪．旅游产业融合过程中的协同创新研究——以旅游与演艺产业融合为例湘潭大学学报（哲学社会科学版）［J］．2015（1）

［56］李海燕．山东省演艺产业发展现状分析及对策建议［J］．滨州学院学报．2015（1）

［57］李菡静．民族演艺产业中"差异性"与"共享性"策略——以《云南映象》为例［J］．广西经济管理干部学院学报．2016（2）

［58］刘嘉毅，陈玉萍，陶婷芳．城市旅游演艺产业发展研究——以江苏淮安为例［J］．四川旅游学院学报．2017（5）

［59］刘姝．新媒体时代演艺产业渠道创新与变革［J］．甘肃社会科学．2017（6）

［60］张余．演艺产业多元发展的新兴开拓者—上海民营院团的现状与发展趋向［J］．上海艺术评论．2018（4）

［61］滕晓鹏，汝艳红．百老汇戏剧产业孵化体系对中国演艺产业发展的启示［J］．山东社会科学．2018（10）

［62］李林，谈国新，佘明星．试析国产动漫品牌的发展路径——以武汉动漫产业品牌为例［J］．西南民族大学学报（人文社会科学版），2014.

［63］凌旗．动漫品牌营销传播研究［D］．华南理工大学，2013.

［64］杜广中．福建省动漫产业链的构建研究——世界动漫产业链的启示意义［J］．东南传播．2008.10

［65］彭民安，李允尧．基于产业集群的长沙动漫产业竞争力提升研究［J］．湖南经济管理干部学院学报．2006.11

［66］邓林．动漫知识产权保护与管理西方经验对中国的启示［J］．科技管理研究．2009.7

［67］姜兆轩．产业融合时代湖南动漫产业现状与对策［J］．新闻世界，2011.

［68］邓伍英．长沙动漫人才培养的问题及对策研究［J］．艺海，2014.

［69］刘纯．基于演化经济学的动漫品牌价值评价与管理体系研究［D］．中南大学，2012.

［70］曾耀农．我国动漫产业的发展策略以湖南为例［J］．重庆社会科学，2010.

［71］张春节．迪斯尼与蓝猫动漫营销模式之比较研究［D］．厦门大学，2007.

［72］杜广中．世界动漫产业链模式对中国式动漫产业链构建的启发［J］．广西经济管理干部学院学报，2009.

［73］李岩．电视广告的神话原型分析［D］．山东师范大学，2008.

［74］张文赫．动漫衍生产品设计的独特性研究［D］．东北师范大学，2012.

［75］李翔宇．新媒体语境下的动漫品牌建设［D］．山东大学，2013.

［76］彭民安．促进长沙动漫产业集群发展的政府行为模式与战略选择——基于沪、杭、长三市的比较研究［J］．经济研究参考，2007.

［77］耿蕊．中国动漫产业集群发展研究［D］．武汉大学，2010.

［78］李冬辉．辽宁省动漫产业发展的问题及对策研究［D］．东北大学，2012.

［79］王艳艳，杜广中．中国动漫产业链的合理性培植——基于全球动漫产业链的借鉴性思考［J］．郑州轻工业学院学报（社会科学版），2009.

［80］王志东，闫娜．山东文化旅游品牌战略研究［J］．理论学刊，2011.

［81］彭庆庆．长沙市生态旅游开发研究［D］．湖南大学，2010.

［82］雷慧，欧阳新辉，何鹏超．基于SWOT分析的长沙体育旅游发

展分析 [J]. 体育科技, 2011.

[83] 龚荷英. 湖南农博会发展需求预测研究 [D]. 中南大学, 2006.

[84] 董长云. 扬州文化旅游品牌培育与发展研究 [J]. 旅游纵览(下半月), 2015.

[85] 吕倩. 徐州城市旅游品牌开发模式研究 [D]. 山东大学, 2011.

[86] 王慧婷. 基于"品牌接触点传播"模式的朔州旅游品牌研究 [D]. 西南大学, 2011.

[87] 王应龙, 言迎, 谢丁. 长沙、株洲、湘潭三市旅游资源整合研究 [J]. 内蒙古农业科技, 2009.

[88] 牛志芳. 长沙旅游目的地营销策略研究 [D]. 中南大学, 2009.